스피치의 정치

스피치의 정치

초판 1쇄 발행 2022년 8월 16일

지은이 | 박성준

펴낸이 | 정광성

펴낸곳 | 알파미디어

출판등록 | 제2018-000063호

주소 | 05387 서울시 강동구 천호옛12길 46, 2층 201호(성내동)

전화 | 02-487-2041

팩스 | 02-488-2040

이메일 | alpha_media@naver.com

ISBN | 979-11-91122-36-7 (03300)

값 | 17,000원

역대 대통령 후보에게 배우는

스피치의 정치

박성준 지음

알파미디어

들어가며

나는 늘 정치에 대한 관심이 매우 높았다. '인간은 정치적 동물'이라는 말을 실감하며 살았다. 만약 정치에 입문한다면 대선 캠프에 들어가 중심 역할을 하고 싶다는 생각을 품고 있었다. 그 꿈은 실현됐고 정치의 생생한 현장을 체험할 수 있었다.

2020년 총선에 당선된 이후 원내대변인을 맡아 여야의 협상 과정을 직접 경험했고, 2021년 더불어민주당 대통령 후보 경선 과정에서는 이재명 후보의 대변인을 맡아 경선캠프에서 중요 역할을 했다. 대선 과정에서 캠프가 어떻게 구성되고 움직이는지, 이재명 후보가 본선 후보가 되어 이낙연 캠프와 정세균 캠프가 합류한 뒤엔 원팀을 만들기 위해 무엇이 필요한지, 왜 원팀이 쉽지 않은지 등을 정치 최전선에서 지켜봤다.

여의도 정가에는 "캠프가 구성돼 제법 돌아갈 만하면 선거가 끝난다"라는 말이 회자되고는 한다. 그만큼 선거캠프가 순조롭게 진행되기 어렵다는 것을 실감케 하는 말이다. 경선 과정이 워낙 치열하다 보니 서로에게 상처를 주고, 이후 하나의 팀을 만들긴 했지만 상처가 아물지 않은 상태에서 선거가 흘러갔다. '내가 이재명이다'라는 일체감을 만들어주는 데 물리적 시간이 필요했다.

2022년 3월 9일 이재명 후보가 패배한 이후 정말 눈물을 많이 흘렸다. 눈물이 계속 흐르고 온몸에 힘이 없었다. 나의 선거였던 총선에서는 승리했기 때문에 힘들다고 느끼지 못했지만 이재명 후보의 대선 패배는 견디기 힘든 고통이었다. 대선 과정에서 대변인으로서 온 힘을 다했기 때문에 그만큼 인내의 시간이 필요했다.

대선 패배 이후 민주당에 비상대책위원회가 꾸려졌고 필

자는 윤호중 비상대책위원장의 비서실장을 맡아 비대위에서 활동을 하고 있었다. 비대위 활동을 하면서 몸을 추스르고 충격에서 벗어나려는 순간 송영길 의원에게서 전화가 걸려 왔다. 6·1 지방선거가 어려운 상황이니, 서울시장 선거에 출마해 당을 살리고 보다 나은 서울을 만드는 데 한 몸 바치려 한다며 도와달라는 말씀이었다.

6·1 지방선거에서 송영길 의원이 서울시장 후보가 되는 것이 적절치 않다는 당내 여론이 높은 가운데, 당의 전략공천위원회에서 송영길 후보를 컷오프시키면서 그야말로 파란이 일던 상황이었다. 하지만 우여곡절 끝에 비상대책위원회는 송영길 후보를 비롯해 경선을 수용하는 결정을 내렸고 송영길 후보는 서울시장 후보가 됐다.

나는 송영길 서울시장 후보의 비서실장으로서 서울시장 캠프의 핵심 역할을 맡아 일했다. 이 자리는 이재명 대선 후보 캠프의 대변인과는 또 다르게 캠프가 실질적으로 어떻게 움직이는지 깊이 있게 몸소 체험할 수 있는 계기가 되었다. 경험이 가장 큰 능력이라는 말처럼 대선과 지방선거 양쪽 캠프의 핵심에서 선거의 흐름을 읽을 수 있었다. 인물, 전략,

정책, 메시지, 일정, 홍보, 공보가 어떻게 이뤄지는지 경험했다. 이처럼 지난 2022년 대선에서는 이재명 대통령 후보의 대변인으로, 2022년 6·1 지방선거에서는 송영길 서울시장 후보의 비서실장으로서 선거 현장 바로 옆에서 이재명과 송영길을 바라보았다.

필자는 앵커였을 때 많은 분들과 인터뷰를 하면서 특히 정치인들의 스피치(speech), 즉 연설에 관심을 가졌었다. 정치인의 말이 어떻게 대중에게 다가가는지, 대중들은 어떻게 반응하는지를 유심히 지켜보고 분석하는 것이 오래전부터 습관이 되었다.

1987년 직선제가 도입된 이후 대통령 후보들은 국민 앞에서서 모습을 드러내고 자신의 스피치를 선보였다. 정치는 말과 언어를 통해 대중에게 다가가기 때문에, 결국 정치인의 말로부터 권력이 출발하고, 만들어지고, 유지되고, 쇠락하며, 또 다른 권력으로 대체된다.

역대 대통령은 이러한 과정을 거쳤다. 대통령 후보들은 타 후보와 차별화된 스피치로 경쟁에 나선다. 평소 스피치에 관심이 많았던 데다, 앵커라는 직업을 가지고 있다 보니 대통령 후보들의 말을 더욱더 전문적인 시각으로 분석하게 됐다. 이론적인 부분의 연구도 병행했는데, 정치학을 기본으로 한국 대선의 흐름을 읽으면서 정당의 구도가 대통령선거에서 매우 중요한 변수라는 것을 습득하게 됐다. 이것이 대통령선거에서 후보자의 가장 큰 특징이라고 할 수 있는 스피치와 선거 구도를 접목해 대통령선거를 분석하는 틀을 제시해보고 싶다는 생각을 갖게 된 이유다.

이 책은 그동안 정치학을 학문적으로 공부하고, 방송 앵커로서 인터뷰를 하면서 스피치를 분석하고, 총선과 대선과 지방선거에서 경험한 선거를 기반으로 축적한 경험이 합쳐져 도출된 결과물이다. 특히 지난 대통령선거와 지방선거의 경험은 책의 행간까지 빼곡히 채울 수 있는 자신감을 주었고, 집필에 박차를 가하는 계기가 됐다.

이 책을 쓰면서 더 나아가 리더의 정의와 리더십에 대해서도 그동안 공부하고 학습하고 생각하고 체화된 내용을 총정리하고자 했다. PART 1은 우선 리더를 정의한 뒤 리더십에 대해 관계의 함수라는 측면에서 살펴본 챕터로, 필자가 생각하는 리더의 덕목을 꼽아보았다. 리더는 24시간 위기관리를 해야만 하는 자리인데, 그런 리더의 위기가 어디에서 오는가를 짚고 리더로서 무엇을 할 것인가를 여러 사례를 들어 설명했다.

PART 2의 주제는 '리더의 스피치'다. 정치는 말에서 시작한다는 점에서 출발해 '스피치가 곧 리더십'임을 강조했다. 스피치에는 다양한 형식이 있는데 '1:1', '1:소', '1:다'로 분류해 그 특징을 살펴보았다. 좋은 스피치와 나쁜 스피치를 어떻게 구별할 수 있는지 기준을 제시했으며, 스피치는 언어적 능력과 비언어적 능력의 조화라는 점을 강조하여 리더의 스피치에 접근했다. 또한 이 책의 핵심이라고 할 수 있는 리더의 스피치 유형을 네 가지로 분류해 설명했다.

설득형, 주장형, 호소형, 선동형이 그것으로 이 네 가지 스피치 유형은 대통령 후보의 스피치를 분석할 수 있는 바로미터가 된다.

PART 3은 리더의 스피치 유형을 통해 역대 대통령 후보의 스피치를 중심으로 분석했다. 대통령선거에서 선거 구도와 인물의 스피치가 어떤 함수관계로 결정되는지 분석했다. 스피치는 사실상 후보의 모든 것을 보여주는 수단이라는 점을 짚어보고, 스피치가 왜 대선에서 결정적 변수가 됐는지 체계적으로 검토했다.

역대 대통령선거의 특징을 알기 쉽게 정리했고, 특히 2022년 대선에서 윤석열 후보와 이재명 후보가 했던 스피치를 분석하면서 다음 2027년 대통령선거의 흐름을 예측했다.

오랜 연구에 더해 정치가로서 직접 겪고 깨달은 점을 함께 녹여낸 이 책이 한국 정치, 그중에서도 대선을 분석하는 하나의 틀이 되었으면 하고, 다음 대통령선거에 출마하는 후보와 캠프 관계자들에게도 하나의 지침서로서 도움이 되기를 기대한다. 또 정치학을 공부하고 정치에 입문한 정치인으로서, 후배 정치학도와 후배 정치인들에게 이론과 현실에서 적용될 수 있는 교과서로 자리 잡기를 바라본다.

박성준

차례

PART 2
리더의 스피치: 왜 지금 스피치인가?

PART 3
13대부터 20대까지
스피치 유형으로 본 대통령선거

PART 1

리더를 생각한다

리더가 수행하는 일들이 누구를 통해 이뤄지는가?

바로 사람이다. 사람에서 일이 시작되고 또 마무리된다.

그래서 "인사가 만사"라는 말을 흔히 하는 것이다.

리더는 중요한 자리에 누구를 앉히고 누구를 내칠지 결정해야 한다.

사람이 사람을 다루는 일이므로 감정이 앞설 수 있지만

이를 단호히 뿌리칠 수 있는 '비정'이 필요하다.

리더란
무엇인가?

리더는 어떤 조직이나 단체 또는 기업을 이끌어가는 사람을 말한다. 리더는 조직의 미래와 조직원들의 생활에 큰 영향을 미치는 사람이다. 고금을 통해 여러 학자와 기업가, 정치가 등이 각기 리더를 정의하는 명언을 남겼지만, 그중 가장 가슴에 다가오는 문구는 나폴레옹(Napoleon Bonapart)과 빌 게이츠(Bill Gates)의 말이다.

전쟁의 최전선에 섰던 나폴레옹은 "리더는 희망을 파는 상인"이라고 했으며, 기업을 최전방에서 지휘했던 빌 게이츠는 "리더는 타인에게 능력을 부여하는 사람"이라고 했다.

나폴레옹과 빌 게이츠는 왜 이런 정의를 내렸을까? 지금부터 필자 나름의 재해석을 통해 '리더의 정의'에 다가가보도록 하겠다.

나폴레옹: 이상과 현실의 조화

"리더는 희망을 파는 상인"이라는 나폴레옹의 말 속에서는 이상주의와 현실주의를 읽을 수 있다. 왜 희망을 말했을까? 전쟁은 언제든 죽을 수 있는 위기의 순간이 지속되는 가장 절망적인 상황이다. 리더는 전쟁에서 살아남을 수 있다는 신념과, 승리 이후에는 반드시 영광이 올 거라는 희망의 빛을 보여줘야 한다. 결국 나폴레옹의 말은 현실이 절망적이고 고통의 연속일지라도 우리의 미래는 희망으로 가득 찰 것이라는 이상주의적 모습을 제시하는 것이 리더의 책무라는 의미가 된다.

그렇다면 왜 상인이라는 단어를 사용했을까? 상인은 하나의 물품을 팔기 위해 소비자의 마음을 사로잡아야 한다.

그러기 위해서는 왜 구입해야 하는지, 그 값을 치르고 사용할 가치가 있는지를 분명히 제시하는 것이 가장 중요하다. 소비자의 욕구를 명확히 충족시키지 못하면 상인은 존립 기반을 잃게 된다. 그 누구보다 리얼리스트, 즉 현실주의자가 아니면 생존하기 어려운 존재이기 때문에 상인이라는 단어를 들어 정의한 것이다. 그런 점에서 나폴레옹은 극한의 상황에서도 이익을 주고받을 수 있는 '상인적 인식'이라는 현실주의를 강조하고 있다고 볼 수 있다.

나폴레옹의 "리더는 희망을 파는 상인"에서 '희망'이라는 이상주의자의 특징과 '상인'이라는 현실주의자의 특징이 조화를 이룰 때 진정한 리더로서 꽃을 피울 수 있다는 것을 읽을 수 있다.

빌 게이츠: 리더는 타인의 능력을 알아보고 능력을 부여한다

빌 게이츠의 "리더는 타인에게 능력을 부여하는 사람"이라는 정의에는 먼저 타인이 등장한다. 리더 중심이 아니라, 객체라고 할 수 있는 타인 중심적 사고에서 출발하는 것이다. 여기에는 시대의 변화를 인식하는 그의 철학이 담겨 있다. 나폴레옹 시대의 리더가 연이은 전쟁 속에서 강력한 카리스마로 승부했다면, 빌 게이츠 시대의 리더는 누구나 자신의 능력을 발휘할 수 있는 공간을 만들어야 할 책무가 있다. 한 사람의 리더에게 의존하는 시대는 이미 지났으며, 지금은 함께하는 리더가 필요하다는 뜻이다.

　수많은 기술이 하나로 모여 최첨단 상품으로 승화되고, 그 과정 속에서 자신만의 능력이 타인의 능력과 어우러져 새롭고 창조적인 결과들을 만들어 간다. 그렇기 때문에 빌 게이츠는 타인의 능력을 알아보고 능력을 부여하는 사람이 진정한 리더라고 보았다.

카네기: 리더는 사람을 다루는 자

　강철왕 앤드루 카네기(Andrew Carnegie)는 "자기보다 우수

한 사람을 자기 곁에 모을 줄 알았던 사람이 여기 잠들다"[1]라는 말을 묘비명에 남겼다. 리더는 그 자신이 뛰어나고 일을 잘하는 것보다 부하를 자기 사람으로 만들고 잘 다루는 것이 중요하다는 점을 말하고 있다.

리더는 결국 사람을 다루는 자다. 그러니 유능한 인물을 적재적소에 배치하는 용인술이 리더의 능력이다. 용인술은 리더가 스스로 리더의 자격을 갖췄는지 입증할 수 있는 결정적 요소다. 리더는 자신이 갖고 있는 힘을 기반으로 사람을 등용하지만, 역으로 리더 또한 자신이 등용한 사람을 통해 지위를 유지하게 된다.

따라서 리더는 앞서 언급한 나폴레옹과 빌게이츠, 카네기의 말을 종합하면 '어떤 조직이나 단체를 이끌어가는 사람으로 현실에 기반하고 희망을 제시하며 구성원들에게 능력을 부여하는 자로서 사람을 잘 다루는 사람'이라고 정의할 수 있다.[2]

리더의 덕목

리더십=관계의 함수

리더가 한 개인을 가리킨다면 리더십에는 관계라는 함수가 작용하게 된다. 리더라는 주체와 그를 따르는 사람, 즉 객체인 추종자와의 관계가 성립한다. 때문에 리더십은 주체와 객체, 치자(治者)와 피치자(被治者), 사장과 사원, 고용주와 고용인, 장수와 졸개, 왕과 신하와 같이 관계가 반드시 설정되고 여기에 리더의 능력이 포함된다.

리더십은 리더와 구성원의 관계에서 이끄는 사람으로서

의 리더가 자신을 따르는 구성원들을 인도하는 힘, 따르게 하는 힘, 또는 끌어들이는 힘을 말한다.

즉 리더십은 '다른 사람들에게 영향을 끼쳐 나를 따르게 하는 능력', '조직의 목표 달성을 위해 조직 구성원이 자발적으로 참여하고 이를 달성하도록 유도하는 리더의 능력'이다. 파 그룹의 창립자이자 회장인 제이스 C. 조지스는 "리더십은 바로 사람을 얻는 능력입니다"라고 리더십을 간단하게 정리한다."[3] 리더가 잘 끌어들이고 따르게 하는 능력인 리더십이 탁월하다면 그 조직은 잘될 수밖에 없다. 그렇기 때문에 리더십이 조직의 성패를 좌우한다고 하는 것이다.

리더가 가고자 하는 길, 즉 목표를 세우고 그를 따르는 추종자들은 그 뜻을 이해하고 받아들여야 한다. 여기서 간과해서는 안 될 부분은 리더가 결정하는 목표가 올바른 판단에 의해 의사결정이 내려져야만 리더십이 잘 발휘될 수 있다는 것이다.

전통적인 의미에서의 리더십이 리더의 주체에서 출발한 '나를 따르라(Follow me)'라는 메시지였다면, 지금은 추종자인 객체의 관점을 포괄하는 '함께 가자(Let's go together)'로 바

꿰었고 또 계속 변화하는 중이다. 리더십에서 추종자의 자발성이 강조되고 있다는 뜻이다. 사람이 모인 공동체에서는 리더가 나오기 마련이고 리더십을 필요로 한다. 리더는 조직의 책임자로서 일에 대한 실력과 조직을 다루는 능력을 아울러 갖춰야 하고, 시대에 맞는 비전을 제시해 조직원들의 자발적 참여를 이끌어내야 한다.

| 모두 리더가 될 수는 없다 |

리더가 될 수 있는 기회는 누구나 가질 수 있다. 그러나 모두가 리더가 될 수는 없다. 그렇다면 리더십은 어디에서 출발하는가? 바로 인간이 갖고 있는 품성에서 출발한다. 아무리 능력이 탁월해도 인간으로서의 품성이 제대로 갖춰지지 않으면 권위가 올바로 설 수 없다.

리더의 출발은 바로 자기 수양에서 시작된다. 자기의 인격을 완성한 후 타인을 평안하게 이끌어야 한다. 이것을 수기안인(修己安人)이라고 한다. 수기는 자기 자신의 인격적 수양을 말하고, 안인은 사회 전체의 안정과 발전을 의미한다.

리더는 미래에 위기가 올 수 있다고 생각해 미리 준비하고 대비해야만 자기의 지위를 안정시킬 수 있다. 한마디로 표현하면 거안사위(居安思危)다. 평안(平安)할 때에도 위험(危險)과 곤란(困難)이 닥칠 것을 생각하며 잊지 말고 미리 대비(對備)해야 한다는 의미다.

리더는 조직의 흥망성쇠를 좌우하기 때문에 거안사위의 마음가짐으로 지금의 편안함을 넘어 미래를 준비해야 한다. 자신이 갖춰야 할 덕목을 필요로 할 뿐 아니라 더 나아가 추종자가 바라는 점도 충족시켜야 하는 것이 리더라는 존재다.

추종자들이 원하는 리더십은 무엇일까? 크게 안정적 리더십과 통합적 리더십으로 나누어볼 수 있다. 국민들은 감정적이고 즉흥적이며 공격적인 리더십의 지도자보다는 차분하고 계획적이며 편안한 리더십의 지도자를 은연중에 원하고 있다는 얘기다.

따라서 안정적 지도자의 이미지를 극대화하기 위해서는 절제된 언행과 의연한 모습이 중요하다. 안정적 리더십을 위해 '언어적(Verbal)' 측면에서는 절제된 표현을 사용해야 하고, '비언어적(non-verbal)' 측면에서는 어떠한 위기가 와도 흔들리지 않는 의연한 모습을 보여야 한다는 것이다.

한편 통합형 리더십은 화합적이고 온건한 지도자, 포용력 있는 지도자들이 지닌 특징이다. 리더는 조직원들과 구성원들의 자발성을 이끌어내고, 리더가 가고자 하는 방향을 구성원들이 잘 이해하고 따를 수 있는 리더십을 발휘해야 한다. 또한 추종자가 무엇을 원하는지도 파악해 대안을 제시해야 한다. 그렇다면 리더에게는 어떤 덕목이 필요할까?

충녕대군을 선택한 이유

리더의 덕목에 대해 단 하나의 예시만을 들어 표현하라고 한다면 《조선왕조실록》에서 조선시대 태종이 세자인 충녕대군에게 남긴 말을 꼽고 싶다. 태종은 충녕대군을 세자로 책봉하며 다음과 같이 얘기한다.[4] 충녕을 택한 이유와 근거를 담은 말이다.

"첫째는 나라의 근본을 바로잡는 데 지극히 공정(公正)하고, 둘째는 겸공(謙恭)하여 사랑과 공경으로 어버이를 섬기고, 셋째는 도(道)를 지켜 공경하고 삼가며, 넷째는 총명하고 배우기를 좋아하여 오직 날마다 부지런히 하니."

태종이 언급한 왕의 조건은 먼저 '공정'이다. 공정은 나라의 근본을 세우기 위해 공정하라는 것이다. 다음으로 '섬김'은 어버이에 대한 섬김과 더 나아가 백성에 대한 애민(愛民)으로써의 섬김을 말한다. 또한 '도'를 지켜 삼가라는 유학적 통치의 기본인 수기(修己)의 자세를 지녀야 한다는 것이고, 부지런히 배우고 학습해 왕은 늘 깨어 있어야 한다는 것이다. 이러한 공정·섬김·수기·학습과 같은 왕의 덕목을 갖췄기 때문에 세자로 삼는다고 천명한다.

"이러한 조건을 갖춘 세자는 나랏일을 맡는 것이 마땅하고, 신하와 백성들이 간절히 바라니 왕세자(王世子)로 삼노라."

태종은 신하와 백성들에게 세자 충녕대군이 나랏일을 맡을 수 있는 자격이 있다고 선언했다. 또한 왕이 되기 위해서는 왕으로서 덕목을 갖춰야 하고, 백성과 신하는 왕의 자격이 있는 세자를 간절히 바라고 자연스럽게 따르게 된다는 것이다. 태종은 충녕대군이 리더의 덕목을 갖췄음을 알아보았고, 성군의 탄생으로 이어질 수 있었다. 이처럼 리더의 덕목은 리더로서 갖춰야할 기본을 말하고, 자기 조직의 구성원을 결집시키고 따르게 할 수 있는 원천이 된다.

리더가 지녀야 할 5가지 덕목

필자는 정치를 하기 전에 정치인이 갖춰야 할 자질이 무엇일지에 대해 고민했다. 여러 문헌을 참고하고 본인의 생각도 정리해 크게 5가지로 접근했다. 막스 베버(Max Weber)가 정의한 정치인의 덕목인 열정, 책임감, 균형감각을 기본으로 하는 한편, 개인적 경험을 바탕으로 인내와 비정을 포함시켰다. 물론 리더의 덕목은 시대나 상황, 필요에 따라 다를 수 있겠지만 필자의 관점으로는 인내심, 열정, 비정, 책임감, 균형감을 꼽겠다.

인내심: 인내한 자만이 리더가 된다

첫째로 인내심을 들고 싶다. 사자는 먹잇감을 노릴 때 비우고 낮추고 참고 기다리다 한순간 혼신의 힘을 쏟아 사냥한다. 리더는 참고 기다리는 끈질김을 가진 독종이 되지 않으면 안 된다. 참을 인(忍)은 곧 리더가 위기에 빠졌을 때 다시 일어나 도약할 수 있는 에너지의 축적이다. 참고 인내하는 것만큼 어려운 일은 없다. 외로움과 슬픔, 힘듦, 억울함, 고통, 분노, 불만 등을 자기만의 에너지로 만드는 과정이 바로 인내이다. 인내는 리더의 가장 기본적 토대가 된다. 작가 레프 톨스토이(Lev Tolstoy)는 "모든 전사 중 가장 강한 전사는 두 가지, 시간과 인내다(The strongest of all warriors are these two— Time and Patience)"라고 했다. 그 말처럼 내적 강인함인 인내는 가장 강력한 전사이며 리더의 필수요건이다.

리더에게는 필연적으로 고립과 고독, 그리고 고통이 뒤따른다. 그것이 리더의 운명이다. 남들이 가지 않은 리더의 길을 선택하고 걸어간다는 것은 지금까지 경험해보지 못한 험로로 들어선다는 것을 뜻한다. 홀로 고립될 수 있으며 고독을 피할 수 없는 운명이 가져오는 고통은 이루 말할 수 없는 것이다. 하지만 리더는 고립과 고독, 그리고 고통을 두려워해서는 안 된다. 인내는 이것을 이길 수 있는 힘이다. 고립과 고독, 고통을 견디고 인내한 자만이 진정한 리더가 될 수 있다.

| 열정: 불가능을 가능으로 만드는 긍정의 힘 |

둘째, 리더의 힘의 원천 즉 원동력은 어디에서 나올까? 바로 열정이다. 독일의 사회학자이자 경제학자인 막스 베버는 "정치가에겐 다른 무엇보다 세 가지 자질이 결정적으로 중요하다. 열정, 책임감, 그리고 균형적 판단이다"라며 열정을 리더의 필수 덕목으로 꼽았다.

리더는 어디로부터 에너지를 공급받는가? 바로 열정이다. 리더들의 삶에서 공통점을 찾으라면 모든 일에 혼신의 힘을 기울이는 열정일 것이다. 열정은 지치지 않고 나아갈 수 있는 에너지의 원천이며 불가능한 것을 가능한 것으로 만들 수 있는 긍정의 힘이라고 할 수 있다. 무언가를 이루기 위해 도전할 때 막연한 두려움을 없앨 수 있고, 그런 경험은 자신을 변화시킬 수 있는 밑천이 된다. 리더의 열정은 구성원이 조직을 위해 자신의 능력을 마음껏 발휘할 수 있는 중요한 동기부여가 되기도 한다.

| 비정: 조직을 운영하기 위해서는 비정함이 필요하다 |

셋째, 비정(非情)을 꼽고 싶다. 일본 교세라 그룹의 이나모리 가즈오(稻盛和夫) 회장은 "작은 선은 큰 악과 닮아 있고, 큰 선은 비정에 가깝다(小善大惡 大善非情)"고 했다. 가즈오 회장의 '비정'과 더불어 막스 베버의 다음과 같은 '정치적 유아'라는 표현은 현실정치의 냉엄함이 그대로 드러난다.

"선한 것이 선한 것을 낳고 악한 것이 악한 것을 낳는다는 것은 사실이 아니다. 차라리 반대인 경우가 더 많다. 이를 인식하지 못하는 자는 실로 정치적 유아에 불과하다."[5]

이 말대로 선을 베풀었지만 오히려 악으로 돌아오는 경우와 비정했지만 그로서 큰 혜택을 얻은 경우를 우리는 역사를 통해 쉽게 발견하고 또 학습할 수 있다.

가즈오 회장과 베버는 사람이 품은 의도가 꼭 결과로 이어지지는 않는다고 경고한다. '사람'이 아닌 '상황'이 전혀 다른 결과를 낳을 수 있는 것이다. 조직을 운영하기 위해서는 마냥 좋은 사람이어서는 안 된다. 사람과 사람, 사람과 사물에 대한 일정한 거리를 유지하는 비정이 필요하다. 사람과 사람 사이의 거리는 결국 '자리에 대한 배분을 어떻게 할 것인가?'의 문제와 이어진다. 또한 사람과 사물은 돈과 관련된다. 리더에게 가장 필요한 것은 사람과 돈이며, 사람과 돈을 관리할 수 있는 힘은 비정이다. 다시 말해 사람과 사물에 대해 거리를 둘 수 있기 위해서는 비정하지 않으면 안 된다.

| 책임감: 주인과 손님을 구분하는 잣대 |

넷째, 책임감이다. 리더는 결과에 책임지는 존재다. 어떠한 상황에서도 책임을 면할 수 없는 것이 리더의 숙명인 것이다. 도산 안창호 선생은 "책임감 있는 이는 역사의 주인이요, 책임감이 없는 이는 역사의 객이다"라고 했다. 책임감이야말로 주인인지 손님인지를 구분하는 잣대임을 알려주는 말이다.

리더는 자신이 추진한 일의 '의도(意圖)한 결과'는 물론 '의도하지 않은 결과'에 대해서도 책임을 져야 한다. 책임감은 리더가 갖춰야 할 가장 기본적인 덕목이다. 조직 생활에서 리더를 판단하는 잣대가 책임감이다. 리더가 어떻게 책임을 지느냐에 따라 조직원들은 리더의 그릇을 판가름한다.

| 균형감: 리더는 결정하는 자 |

다섯째, 균형감은 리더가 마지막 순간, 즉 결정의 순간에 갖춰야 할 덕목이다. 결정을 하는 존재인 리더가 어떤 결정을 내리느냐에 따라 조직의 성패가 좌우된다. 리더는 균형감각을 유지해 옳은 판단을 하고 그 결정이 최선의 결과로 이어지게 만들어야 한다.

리더가 지녀야 할 5가지 덕목을 꼽아본 이유는 이렇다. 리더는 결국 여러 사안에 대해 결정을 내리고 그 후 책임까지 지는 자리다. 그 결정은 사사로움이 없는 균형감을 유지한 상태에서 이루어져야 하며, 결정이 잘됐을 경우에는 조직원들과 그 열매를 나누고 잘못됐을 경우에는 그 결과를 누구에게 떠넘기지 않고 받아들여야 한다.

리더가 수행하는 일들이 누구를 통해 이뤄지는가? 바로 사람이다. 사람에서 일이 시작되고 또 마무리된다. 그래서 "인사가 만사"라는 말을 흔히 하는 것이다. 리더는 중요한 자리에 누구를 앉히고 누구를 내칠지 결정해야 한다. 사람이 사람을 다루는 일이므로 감정이 앞설 수 있지만 이를 단호히 뿌리칠 수 있는 '비정'이 필요하다.

비정의 또 다른 면은 열정이다. 일에 대한 열정, 사람에 대한 열정이 있을 때 인간은 비로소 매력을 갖게 된다. 특히 리더라면 어떤 일이든지 혼신의 힘을 기울이는 모습을 보일 때, 자신에게 꼭 필요한 사람에게 열정을 다해 같이 일하자며 손을 내밀 때 우뚝 솟을 수 있는 것이다.

이러한 리더의 덕목을 지지해줄 수 있는 밑받침은 인내심, 즉 참고 기다릴 수 있는 힘이다. 고난이 오더라도 견딜 수 있는 내공, 믿었던 동료가 자기를 버리고 떠났을지라도 표현하지 않고 참을 수 있는 힘, 나를 알아주지 않아도 묵묵히 기다리고 준비할 수 있는 자세가 인내다.

다시 리더의 덕목을 순차적으로 설명하면 성장 과정에서 인내를 통해 모든 고난을 감내하며 걸어가지만 일과 사람에 대해 열정을 다하고, 사람을 쓸 때는 비정함을 유지하며, 결과에 대해 책임을 지고 결정의 순간에는 균형감을 갖는 것이다. 이것이 필자가 생각하는 리더의 덕목이다.

리더의 위기는
어디에서 오는가?

리더는 편안히 머무를 때도 앞으로 발생할지도 모르는 위태로운 상황을 생각해야 한다. 늘 위기를 안고 살고, 위기에 대비하며, 위기를 헤쳐 나가야만 한다. 그렇다면 리더의 위기는 어디서 오는 것일까?

리더의 첫 번째 위기: 교만, 오만, 자만

리더는 교만(驕慢)과 오만(傲慢), 그리고 자만(自慢)에 빠질 때 스스로 무덤을 판다고 할 수 있다. 마키아벨리(Niccoló Machiavelli)의 "인간은 권력을 쥘수록 서툴게 행동하기 마련이다"라는 말에서 성공해 권력을 손에 넣은 자일수록 오만에 빠지기 쉽고, 그것을 극복하기는 더 어렵다는 사실을 읽어낼 수 있다. 권력에 다가갈수록 평정심을 잃고, 스스로 나르시시즘에 빠져 해서는 안 될 행동을 하게 되며 그리하여 결국 위기를 자초한다.

리더가 스스로 얻은 권력에 대한 확신에만 차 있으면 자신의 결정은 모두 옳다는 무오류의 함정에 빠져들고, 자신이 늘 옳다고 믿는 '확증편향'을 강화하게 된다. 아리스토텔레스(Aristoteles)는 이렇게 말했다.

"오만(Hybris)이란 자신이 탁월하다고 확신한 인간이 중용이라는 이성을 포기하고 잘못된 행동을 하는 것이다. 오만에는 자주 네메시스, 즉 신의 복수가 따른다. 네메시스의 임무는 오만이나 과대평가로 인해 발생한 불의에 복수하는 것이다."

리더가 잘못된 길로 가고 있다는 신호는 오만으로부터 나온다. 오만에 빠졌을 때 리더에 대한 비호감도는 높아지고 당연히 지지도는 점점 낮아진다. 네메시스가 내리는 대가,

즉 오만에 대한 복수는 스스로 자초하는 것이다.《주역》《계사하전》에서는 "군자는 편안해도 위기를 잊지 않고 존재해도 망함을 잊지 않고 다스려져도 혼란해짐을 잊지 않는다"고 했다. '거안사위'의 리더가 위기를 벗어날 수 있는 가장 기본적인 자세다. 오만함을 경계하고 있는 것이다.

상대적으로 겸손은 리더를 살릴 수 있는 힘의 원천이 된다.⁶ 헤라클레이토스(Heracleitos)는 "인격은 운명을 결정한다"고 했고, 공자는 "마흔이 되어서도 남에게 미움을 산다면, 그 인생은 더 볼 것이 없다(子曰, 年四十而見惡焉, 其終也已)"고 했다. 오만과 자만과 교만은 리더십의 기본적 덕목을 갉아먹는 좀과 같아서, 주변 사람들과 멀어지고 고립되는 원인이 된다. 때문에 이는 리더가 하락 국면을 맞고 나락으로 떨어질 수 있는 위기 신호라고 할 수 있다.

리더의 두 번째 위기: 말실수

리더의 또 다른 위기는 언제 찾아오게 될까? 바로 신뢰가 깨질 때 발생한다. 그렇다면 신뢰는 왜 무너지는가? 무엇보다도 말의 실수로부터 출발한다.

민주주의 사회에서 권력은 말로 시작된다. 모든 권력은 국민의 믿음에 기반하고, 정치 리더는 국민의 신뢰를 얻기 위해 말을 도구로 사용한다. 한자 '믿을 신(信)'을 파자해보면 사람(人)이 말(言)을 어떻게 하느냐에 따라 믿음과 신뢰를 얻을 수 있다는 의미를 담고 있음을 알 수 있다.

말에 진심을 담지 못하는 실수를 하거나 거짓말을 한 것으로 드러났을 때 리더의 말은 그 힘을 잃고 무너져 곧 위기로 이어진다. 말실수가 이어지면 리더의 말은 생명력을 잃고 수명을 다하게 된다. 제2차 세계대전 때 독일 나치 정권의 선전장관을 지낸 괴벨스(Paul Joseph Goebbels)가 말한 '거짓말의 신화'는 꽤 유명한 예시다.

"대중은 거짓말을 들었을 때 처음에는 부정하고, 그다음에는 의심하지만 (거짓말을) 되풀이하면 결국 진실로 받아들인다."

이를 요약하자면 '거짓말도 반복하면 진실이 된다'는 것이다. 하지만 거짓말을 입에 담는다면 결국 스스로를 가둘

함정을 만드는 것이나 다름없다. 말의 실수는 신뢰를 잃게 해 자신의 존립 기반을 흔들기 때문이다. 거짓말은 괴벨스가 말한 것처럼 일시적 반복으로 효과를 얻을 수 있을지는 몰라도, 결국 자신을 갉아먹고 대중의 지지를 잃게 하는 위험한 덫이다.

리더의 세 번째 위기: 환상

리더를 바라보는 대중은 리더에 대한 환상을 갖고 있다. 작가 알랭 드 보통(Alain de Botton)은 《왜 나는 너를 사랑하는가》에서 "우리는 우리가 사랑하게 된 사람이 누구인지 잘 모르는 상태에서 사랑에 빠질 수밖에 없는 것 같다. 최초의 꿈틀거림은 필연적으로 무지에 근거할 수밖에 없다"라고 언급했듯 리더에 대한 환상은 무지에서 출발한다.* 만들어진 환상에 존경과 사랑, 지지를 보내게 되는 것이다.

---

* 안철수 신드롬이 한 예라고 할 수 있다. 안철수 스피치에서 좀 더 자세히 설명하겠다.

이러한 무지에서 출발한 환상은 결국 오래가지 못한다. 대중은 리더와 함께하며 그 시간 동안 리더를 검증하는데, 리더의 말과 행동, 태도 모두가 대중의 검증 대상이 된다. 그러므로 리더에 대한 환상이 깨지는 것은 정해진 한순간이 아니라 점진적으로 축적된 시간 속 관찰의 결과이다. 그때 비로소 대중은 리더를 계속 따를지 아니면 버릴지를 결정한다.

이미지를 강조하다 보면 보여지는 모습에 치중해 대중의 말초적 감성만을 자극하게 된다. 대중은 어느 순간 '우리가 생각하는 리더의 이미지가 과연 진실일까?' 하는 의심의 마음을 갖게 된다. 오만과 교만, 자만이 묻어나고, 내실 없는 허상을 얘기하며, 내 마음을 이해하거나 대변해주지 못하고 있다는 인식이 똬리를 틀 때 리더에 대한 환상은 산산이 깨져버리고 만다. 명백한 위기 신호다.

리더의 마지막 위기: 결국 사람이 좌우한다

리더의 위기가 확실히 드러나는 징조는 사람에서 비롯된

다. 어떤 일을 하더라도 가장 중요한 것이 '사람'이다. 리더는 수많은 선택지 안에서 결정을 내리고 그 결정에 맞는 사람과 일해야 한다. 이때 판단을 잘못 내린다면 인재를 제대로 등용하지 못하고 일을 그르치게 된다.

적재적소에 사람을 쓰지 못하면 리더십이 발휘되지 못하고 조직은 위험에 빠지고 만다. 그리고 자신을 따르는 사람들과의 관계에서 리더십은 점점 빛을 잃어간다. '고수는 고수를 알아본다', '인사가 만사'라는 말은 동서고금을 막론한 진리다.

리더는 먼저 사람을 알아보고(知人), 그 사람을 내 사람으로 만들고(得人), 그 인재를 적재적소에 쓰며(用人), 그 주위 사람들을 편안하게(安人) 해야 한다. 리더가 사람을 얻으면 자신의 뜻을 이룰 수 있지만, 좋은 인재를 알아보지 못하거나 소중히 쓰지 못하면 결국 위기를 맞게 된다. 이처럼 리더의 흥망은 사람에게 달려 있다.

리더가 반드시
해야 할 일

리더의 진면목은 위기 속에서 드러난다

리더는 늘 위기에 직면한다. 스스로 자초한 것이든 혹은 외부로부터 온 것이든, 수많은 위기를 극복하면서 리더는 재탄생한다. 경제가 어려워 불만이 팽배하는 것, 대형 인명피해 사고로 불안감에 휩싸이는 것, 부정부패와 비리 사건을 계기로 분노가 폭발하는 것 등이 우리가 떠올리는 대표적인 위기 상황이라고 할 수 있다. 이는 사회통합을 저해하기 때문에 경계해야만 한다.

리더는 '어떻게 위기에 대응할 것인가?', '어떤 전략으로 대응할 것인가?'를 생각해 문제를 해결해야만 한다. 리더십은 위기 상황에 어떻게 대처하느냐에 따라 그 진면목이 드러나게 된다. 때로는 문제를 해결하지 못했을 때 잘못을 겸허히 받아들이고 자신의 무능력을 인정하는 용기도 필요하다. 리더에게는 현실을 직시하고 미래로 향해 나아가야 할 의무가 있기에, 자신이 무엇을 해야 하는지 그 방향성을 확실히 인지하고 있어야 한다. 또 '문제를 해결하는 사람'으로서 자신을 따를 사람을 행복하게 만들어줄 의무가 있음을 늘 마음속에 새길 필요가 있다.

애덤 스미스: 국부론의 세 가지 길

애덤 스미스(Adam Smith)는 《국부론》에서 "국가를 빈곤과 절망에서 벗어나게 할 수 있는 길은 단 하나밖에 없다. 바로 안정적인 정부(stable government), 예측 가능한 법률(predictable laws), 부당한 과세가 존재하지 않는 것(absence of unfair taxation), 이 세 가지만 지키면 된다"고 했다.

정치 리더가 정부를 안정적으로 이끌면서 국민 누구나 받아들일 수 있는 법률을 만들고 공정한 조세를 부과한다면 국가의 가장 어려운 과제인 빈곤과 절망을 극복할 수 있다는 얘기다.

애덤 스미스가 제시한 국부론의 세 가지 길은 국민적 공감대, 즉 사회적 신뢰가 전제될 때 가능하다. 안정적인 정부가 성립되기 위해서는 국민의 신뢰가 필수적이다. 국민이 정부 정책을 불신하게 되면 정치 리더는 결국 악순환의 고리에 빠지게 될 것이다. 예측 가능한 법률 역시 법을 만드는 정치인에 대한 국민의 믿음이 전제되어야만 한다.

국민이 가장 민감하게 받아들이는 부분은 세금이다. 부당한 과세를 참고 받아들일 국민이 과연 얼마나 되겠는가? 과세는 투명하고 공정해야만 한다.[7] 이처럼 애덤 스미스는 정치 리더가 국가 번영을 위해 무엇을 할지 쉽고 명확하게 제시하고 있다.

야율초재: 다스림의 기본

일찍이 칭기즈 칸(Chingiz Khan)의 책사인 야율초재(耶律楚材)는 다스림의 기본을 말한 바 있다. 야율초재는 금나라의 관리였지만 칭기즈 칸이 금나라를 정복할 때 그의 지략을 귀하게 여겨 발탁했다. 야율초재는 비주류에서 출발해 자신의 실력과 칭기즈 칸의 신뢰로 권력의 주류가 됐지만, 권력에 가까이 갈수록 사욕을 절제하고 권력을 남용하지 않기 위해 늘 수신(修身)했다.

더 나아가 야율초재는 주군에게 날카로운 직언도 망설이지 않았다. 제왕인 칭기즈 칸은 야율초재라는 희대의 책사를 받아들임으로써 세계 역사상 최대의 제국을 건설할 수 있었다. 이 둘의 역사적 만남이 역사의 대업을 만든 것이다. 그렇다면 야율초재의 국정운영 철학, 즉 다스림은 무엇일까?

여일리불약제일해(與一利不若除一害)
(이익 하나를 더 얻는 것이 하나의 해를 없애는 것보다 못하고)
생일사불약멸일사(生一事不若滅一事)

（일 하나를 만드는 것이 하나의 일을 없애는 것만 못하다）

야율초재에게는 잘못된 점을 고치고 개선하는 것이 나라를 다스리는 최우선의 목표였다. 리더의 지위에 오르면 새로운 업적을 쌓기 위해 힘을 쓰게 마련이다. 하지만 그는 새로운 제도와 법을 만들기보다 기존의 제도와 법을 개선하는 것이 더 중요하다고 보았다.

야율초재가 말하는 좋은 정치는 기존의 제도나 법령을 어떻게 백성들에게 맞게 바꾸어가는가에 달려 있었다. 과거의 폐해를 바로잡는 것은 백성의 삶을 개선하는 것이고, 국가의 기강을 세우는 것이고, 철저한 법질서를 세우는 것이었다. 법을 지키는 것은 통치자에게 무엇보다 중요하다. 백성을 다스리는 관료에게 기준을 제시하는 것이기 때문이다. 다스림은 권력을 가진 자들의 폭정을 막아 백성이 편안하게 살아가게 하는 것이다.

또한 제국을 다스리기 위해서는 법치가 필요했다. 결국 야율초재의 다스림은 관리의 탐욕과 폭정을 억제해 사회질서를 안정시키는 것이 핵심 목표였다.

정약용: 위기 극복 방안

다산 정약용 역시 리더가 무엇을 해야 하는지 하나의 해답을 제시해주고 있다. 다산은 18년간 유배 생활을 했는데, 그 긴 인고의 세월 동안 무엇이 나라에 가장 필요한지를 고민했다. 또 다산은 현실을 돌아보면서 나라의 위기가 어디서부터 출발하는지를 짚어냈다. 그가 찾은 답은 바로 '정치의 위기'였다. 그리하여 다산은 정치의 위기를 극복하기 위해 무엇을 해야 할지 대안을 제시하게 된다.

"다산 정약용은 정치는 正(정)이라고 하고 正으로 가는 길은 均(균)이라고 했다. 均은 정치적 실천 지침이다. 均의 정책적 방안으로 理財策(이재책)과 用人策(용인책)을 제시하고 있다. 통치자는 安民之惠(안민지혜)를 갖춰야 한다며 理財策을 들고 있다. 즉 理財策은 백성들이 편안하게 살 수 있도록 물질적 풍요와 재화의 증식을 확대하는 정책이다. 理財策은 井田制(정전제)의 제도화로 나타난다. 井田制는 땅을 9등분하는 것이 아니라 세금의 부담을 실질적으로 1/9로 낮춰 국민의 부담을 덜어주기 위한 방안이다. 또 그는 통치자의 자질로써 인재를 제대로 볼 수 있는 눈이 있어야 한다며 知人之哲(지인지철)을 제시한다. 즉 用人策은 좋은 인재 등용을 말한다. 군주의 用人策으로 관료들이 제대로 일을 하고 있는가에 대한 제도적 방안으로 考績制(고적제, 공무원감찰제도)를 제안한다."[8]

다산은 정치를 바로 세우기 위한 정책 대안으로 크게 두 가지를 제시하고 있다. 피지배계급 측면에서는 백성이 편안하게 살 수 있는 방안으로 세금 부담을 줄여야 한다는 점을, 지배계급 측면에서는 훌륭한 인재를 발탁해야 하고 관료들을 감찰하는 제도를 보완해야 한다는 점을 명확히 제시하고 있는 것이다.

다산은 정조의 측근이었다. 정조는 다산이 인재임을 알아보고 정치적 당파싸움이 진행되는 과정에서도 보살피며 신뢰했다. 자신을 감싸주었던 정조를 통해 다산은 리더에게는 인재를 알아보는 지혜가 있어야 한다는 점을 스스로 깨닫게 되었다.

한편 다산은 나라의 재정을 튼튼히 하고 백성들이 물질적 풍요를 누리기 위해서 均(균)을 강조했다. 균형 있는 소득분배를 위해 농지개혁을 하고 백성의 세금 부담을 줄여야 한다는 것이 구체적인 내용이다.

이 두 방안은 나라의 위기와 사회적 갈등, 즉 '정치적 위기를 어떻게 극복할 것인가?'라는 질문에 대해 다산이 들려준 대답이라고 해도 좋을 것이다. 다산 정약용은 몰락하는 조선의 현실을 직시하면서 백성이 잘살고 나라가 올바로 설 수 있는 길을 꿈꿨다. 그가 제안한 정책들에는 오직 나라와 백성이 잘돼야 한다는 다산의 간절한 마음이 녹아들어 있다. 18년이라는 고난의 세월 동안 느낀 절망과 울분과 고통을 초월해 위민과 애국을 위한 길을 제안했기에 오늘날까지 많은 이들의 존경을 받고 있다.

헨리 키신저: 도덕보다 현실이 중요

헨리 키신저(Henry Kissinger)는 미국 닉슨 행정부에서 국가 안보보좌관으로 외교 안보 정책을 주도했다. 키신저는 중국이 국제사회에 나오도록 이끌고 미국과 국교 정상화를 추진하는 데 있어 중심인물이었다. 중동 분쟁을 해결하는 데에도 최전선에 서 있었다. 이스라엘과 아랍이 전쟁이라는 위기의 순간에 놓여 있을 때 이스라엘에 손을 내밀고 이집트의 안와르 사다트에게 접근해 두 나라 사이의 역사적인 화해를 이끌어냈다.

또한 베트남전쟁의 수렁에서 발을 빼는 결단을 내렸고, 소련과의 데탕트(Détente, '긴장 완화'를 뜻하는 프랑스어. 1960년대 말부터 1970년대 이후 냉전 양극 체제가 다극 체제로 전환되면서 미국과 소련 간의 긴장이 완화되던 현상을 말함)를 추진하는 데에도 키신저의 역할이 컸다. 그가 추구한 것은 한마디로 실용주의였다.[9] 아래의 인용문이 그의 현실주의적인 면모를 잘 보여준다.

"(헨리 키신저는) 외교에서 중요한 것은 도덕보다는 현실이라고 강조했고, 외교는 제한된 가능성 속에서 현실적인 타협을 만들어내는 것이라고 역설했다. 서로 원칙과 도덕만을 강조하면 접점을 찾기 어렵기 때문에 현실 속에서 서로 얻을 수 있는 최선의 것을 위해 협상하고 타협해야 한다는 생각을 갖고 있었던 것이다."[10]

키신저는 문제를 해결하기 위해 중재안을 상대방이 수용할 수 있도록 반대 의견들을 조정하고 균형을 유지하는 데 탁월한 능력을 발휘했다. 서로 갈등을 빚고 있는 사안이 있다면 타협이 가능한 쪽으로 힘의 균형을 이동시키는 리얼리스트였다.

"훌륭한 리더십을 만드는 가장 중요한 요소는 비전과 용기다. 지도자에겐 자신만의 비전이 있어야 한다. 특히 훌륭한 지도자가 되기 위해서는 그 사회가 어디로 가야 하는가에 대한 그림을 갖고 있어야 한다. 또한 그 비전을 실행할 수 있는 숙련된 기술과 리더십, 실행 능력을 갖춰야 한다."[11]

키신저의 생각이 담겨 있는 말이다. 특히 그는 현재의 세계가 '위기의 징후'를 보이고 있다고 진단하고, 그것이 다름 아닌 리더십에서 비롯된다고 설파했다. 위기를 극복할 수 있는 길은 '미래의 비전'을 지닌 지도자만이 가능하다며 리더십의 중요성을 강조했다. 헨리 키신저, 그는 현실주의자이자 실용주의자로서 정치인의 가져야 할 자질이 무엇인지를 정확히 제시해주고 있다.

리더가 해야 할 일

리더는 애덤 스미스의 말처럼 국가 번영의 길을 제시하고, 야율초재처럼 통치의 기본을 갖춰야 하고, 정약용처럼 위기 극복방안과 같은 정책적 대안을 마련하고, 키신저처럼 현실에 기반해야 한다. 그에 더해 자신이 하고자 하는 일을 달성하기 위해 정치적 힘 또한 필요하다.

"(리더의 역할이) 효과적으로 작동하기 위해서는 무엇이 필요할까? 먼저 자기 세력을 강화해야 한다. 둘째는 적대세력을 약화시켜야 한다. 셋째는 대중의 동의를 얻어야 한다."[12]

그렇다면 리더가 반드시 해야만 하는 것은 무엇일까? 이 질문에 대한 대답은 크게 두 가지로 집약할 수 있다. '과거의 잘못된 문제를 해결'하고 그와 동시에 '새로운 업적'을 만들어가는 것. 과거의 잘못된 부분은 과거로부터 쌓이고 쌓여 현재까지 이른 문제로, 개혁이라는 이름하에 해결해야만 하는 일이다. 새로운 일이란 현재에서 미래로 향해 나아갈 비전과 더불어 실질적인 성과를 얻을 수 있는 일을 말한다.

과거에서 현재로 이어지는 대표적인 문제로는 부패와 불

평등을 들 수 있다. 그렇다면 현재와 미래의 과제는? 교육을 바탕으로 인재를 양성하고 과학기술을 통해 앞으로의 먹을거리를 준비하는 등 성장동력을 갖추는 것이다. 이것이 리더가 명심해야 할 '문제 해결'과 '새로운 업적'의 핵심이라고 본다.

PART 2

리더의 스피치

: 왜 지금 스피치인가?

리더는 결국 자신만의 언어로 체화해 말할 때
그 말에 생명력을 불어넣을 수 있다.
나만의 스타일로 진실을 담아내 스피치를 한다면
사람들의 마음을 움직여 공감대를 형성하고,
자신이 가고자 하는 방향으로 대중을 이끌 수 있는 것이다.

스피치가
곧 리더십이다

리더의 실력은 스피치에서 나온다

민주사회에서 리더의 실력은 연설, 즉 스피치(speech)에서 나온다. 소통의 시대, 디지털 시대, 미디어의 시대, 민주주의라는 시대 흐름 속 리더에게 가장 필요한 덕목이 스피치이다. 다소 과감하게 말한다면 '스피치가 곧 리더십'이다. 민주주의에서 말은 권력의 출발이자 권력을 창출할 수 있는 기술이며 권력을 세우는 가장 강력한 무형의 도구이기 때문이다.

리더는 구성원들에게 자신이 가진 목표와 리더로서의 자질, 시대에 대한 인식을 의식적이든 무의식적이든 말로 전달하게 된다. 특히 정치영역으로 좁혀볼 때 "정치는 곧 말이다"라고 표현해도 과언이 아닐 정도로 정치에 있어 그 중요성은 지대하다. 당장 뉴스 한 편을 보더라도 느낄 수 있을 것이다. 정치인들은 끊임없이 말한다. 자신의 생각이 옳다고 주장하고 정치 현안을 두고 상대방과 거침없이 논쟁하고 토론한다.

일반 시민들은 언론에 비친 모습과 직접적인 대면을 통해 정치인이 어떤 말을 어떻게 말했는지를 두고 그 정치인에 대한 평가를 하게 된다. 정치인의 말이 설득력을 얻는다면 타당성과 합당성을 인정받고 정치적 지지로 이어지는 효과를 얻게 된다. 정치인들의 말과 주장에 국민들은 영향을 받고, 영향력이 점점 넓어질 때 말에 힘이 실리고 권력이 살아있음을 알게 된다.

스피치는 사람과 사람이 교감할 수 있는 소통의 도구이다. 리더는 자신을 따르는 사람들과 끊임없이 대화하고 경험을 공유하며 자신의 영향력을 넓힐 수 있도록 노력한다. 그

매개는 역시 스피치이다. 리더는 스피치를 통해 소통을 하고 공감을 얻고 리더십을 확립하게 된다.

그렇다면 스피치를 잘할 수 있는 방법은 무엇일까? 소크라테스의 말을 통해 그 해답을 찾을 수 있다. 소크라테스는 "말을 잘하는 최고의 비결은 그 사람의 언어로 말하는 것이다"라고 이야기한 바 있다.

리더는 결국 자신만의 언어로 체화해 말할 때 그 말에 생명력을 불어넣을 수 있다. 나만의 스타일로 진실을 담아내 스피치를 한다면 사람들의 마음을 움직여 공감대를 형성하고, 자신이 가고자 하는 방향으로 대중을 이끌 수 있는 것이다.

리더십 평가는 스피치 능력에 좌우된다

리더을 꼽으라면 간혹 눌변도 있긴 하지만 대체적으로는 스피치를 잘한다는 것이다. 조직원이나 구성원들의 입장에서 볼 때 리더의 스피치가 뛰어나다는 것은 무슨 의미일까?

우선 리더가 나의 속마음을 대변하고 더 나은 미래로 나갈 수 있는 희망을 제시해줄 때 대중은 감화된다. 또한 리더가 바라본 세상이 무엇인지 읽을 수 있는 창을 제공해 줄 때도 동화되는 느낌을 받게 된다. 리더의 입장에서는 다른 무엇보다 효과적으로 큰 영향력을 미칠 수 있고 자신만의 매력을 확실히 보여줄 수 있는 방법이 바로 스피치인 것이다. 좋은 스피치는 리더의 권위가 살아있음을 입증하는 결과로 이어지고 더욱 권위를 인정받을 수 있는 계기가 된다. 리더십의 평가 기준이 스피치 능력에 좌우된다고 해도 과언이 아니다.

디지털 시대는 전통적인 소통 방식과 달리 많은 사람과 쌍방향으로 의사소통을 하는 시대다. 디지털 시대의 수용자들은 수동적인 모습에서 벗어나 능동적이고 전문화되고 세분화된 수용자가 됐다. 이런 시대의 흐름에 맞게 리더가 영향력을 발휘하기 위해서는 시대정신에 맞는 콘텐츠와 생각을 잘 표현할 수 있는 스피치 능력을 길러야 한다.

리더는 스피치의 힘으로 조직원과 대중의 마음을 휘어잡을 때 파워를 갖게 되고, 조직원과 대중의 지지 속에 그 힘은 더욱 강해진다. 말과 행동이 일치하면 리더의 가치가 높아지고 말과 행동이 일치하지 않으면 그의 정치적 입지는 점점 좁아지게 된다.

이처럼 리더의 스피치는 자신의 수준을 보여주는 직접적인 수단으로서 리더에게 자격과 자질이 있는지 판단할 수 있는 잣대가 된다.[13] 즉 리더의 스피치는 자신의 생각만을 전달하는 수단이 아니라 인격 그 자체를 보여주는 거울이라 해도 과언이 아니다. 리더가 원칙 없이 말을 바꾸거나 말과 행동이 일치하지 않을 때 대중은 리더를 냉정하게 판단한 뒤 지지를 철회하게 된다.

막스 베버는 《소명으로서의 정치》에서 민주주의는 고대 그리스에 기원을 둔 자유시민과 그들의 지지를 받는 데마고그의 출현을 통해 실현된 것이라고 주장했다. 데마고그는 대중에 호소하는 대의를 제시함으로써 그들로부터 지지를 획득하는 지도자를 말한다. 민주주의는 대중에 호소하는 대중적 지도자와 이를 추종하는 대중의 열망이라는 상호 관계로 구성되는 통치체제이다. 이 체제 안에서 리더는 곧 스피치를 통해 대중의 지지를 이끌어내는 지도자라 할 수 있다.

이처럼 데마고그는 우리가 말하는 리더의 의미와 일치한다. 따라서 민주주의의 핵심이 표현의 자유이고 말과 소통이 민주정치의 요체라는 관점에서, 디지털 시대의 흐름과 발맞춰 스피치는 리더가 조직원과 대중과 호흡하고 공감대를 형성하는 가장 기본적인 덕목인 것이다.

스피치의
3가지 형식

지금까지 스피치 능력이 왜 리더가 갖춰야 할 첫 번째 자산인지 알아보았다. 그렇다면 리더는 어떻게 스피치를 해야 하며, 역사 속 리더들의 스피치를 어떻게 유형화할 수 있는지 또한 알아볼 필요가 있다. 그 전에 스피치의 형식을 먼저 짚어보고, 좋은 스피치와 나쁜 스피치의 기준이 무엇인지도 함께 살펴보기로 하자.

스피치는 그 사람의 현재 모습과 능력, 심지어 인격을 드러나게 한다. 스피치를 하는 동안 말하는 사람(話者)과 듣고 있는 사람(聽者)은 서로 교감을 하게 된다. 교감은 이 둘 간에 이성과 감정이라는 잣대가 작용해 의식적이든 무의식적이든 서로를 인식하는 과정이라고 할 수 있다.

다음으로는 스피치 자체에 좀 더 집중해 그 형식을 하나하나 짚어볼 것이다. 리더들이 주로 사용하는 스피치 형식은 1:1, 1:소(少), 1:다(多)를 들 수 있다.

1:1 스피치

1:1 방식은 대표적으로 인터뷰를 들 수 있다. 인터뷰는 인터뷰어와 인터뷰이가 서로에 대해 묻고 답하며 알아가는 형식이다. 리더들의 경우 주로 방송에 출연했을 때 인터뷰를 하게 된다. 인터뷰어인 앵커가 리더에게 어떤 삶을 살아왔는지, 이슈에 대해 어떤 생각과 철학을 갖고 있는지, 경쟁자에 대해서는 어떻게 생각하는지 등을 인터뷰이에게 묻고 답을 듣는 형식이다. 그 과정에서 시청자는 인터뷰이에 대해 평가를 하게 되고 이는 각기 호감과 비호감으로 갈려 나타나게 된다.

개인적으로 이러한 1:1 형식에 있어 최고의 예를 꼽으라면 손석희 앵커와 가수 이효리의 인터뷰를 들고 싶다. 이효리는 2017년 6월 29일 〈뉴스룸〉의 '문화초대석'에 출연해 자신의 얘기를 진술하게 풀어낸다. 이효리의 안정된 자세가 돋보였고 손석희 앵커를 바라볼 때의 흔들리지 않는 시선 처리가 매우 인상적이었다.

더욱 놀라운 것은 질문지가 있었지만 어떠한 질문에도 자신의 음악 세계와 세상을 바라보는 시각을 가감 없이 표현했다. 가수 이효리는 손석희 앵커와의 인터뷰에서 전혀 주눅이 들지 않았고, 배짱이 있고 당당하면서도 자연스럽게 자신의 주도하에 인터뷰에 응했다. 때문에 인터뷰어와 인터뷰이 모두 호감도가 매우 높아지는 계기가 됐다.

1:소 스피치

1:소는 토론의 형식이다. 방송에서 KBS의 〈심야토론〉, MBC의 〈100분 토론〉, JTBC의 〈밤샘토론〉이 이에 해당된다.

하나의 이슈나 주제를 놓고 여러 사람이 의견을 교환하는데, 자신의 주장은 옳고 상대방의 주장은 타당성이 없다고 논박하며 공방을 벌이게 된다. 서로 다른 입장에서 자신의 주장을 펼쳐 상대방의 논리적 근거가 취약하다는 점을 공격해 우열을 가리는 것이 토론의 기본이다.

2022년 대선 과정 TV 토론에서 볼 수 있듯이 1분 30초라는 제한된 시간 안에 상대방의 말을 잘 듣고, 바로 반박할 수 있는 순발력이 요구된다. 또한 단순명료하게 집약된 표현을 할 수 있는 논리적인 사고도 필요하다. 더 나아가 토론자는 토론을 통해 시청자나 청중을 설득해 이슈를 선점하거나 자신들이 추진하는 정책을 확실하게 우위에 두고자 한다.

토론의 예로 미국의 대통령선거를 살펴보자. 1960년 대통령선거는 TV 토론이 얼마나 중요한지 만천하에 알려지게 된 계기였다. 민주당의 존 F. 케네디와 공화당의 리처드 닉슨은 TV 토론에서 정치사에 남을 명승부를 펼쳤다. 케네디는 "미국은 훌륭한 나라지만 더 훌륭해질 수 있다. 미국은 강한 나라지만 더 강해질 수 있다"라며 새롭고 젊은 이미지로 자신감 있는 모습을 어필했다. 반면 닉슨은 올드한 이미지로 유권자의 마음을 사로잡지 못했다.

미국의 대통령선거 중 케네디와 닉슨이 보여준 대결과 비교해볼 수 있는 사례가 1984년 민주당의 월터 먼데일과 공화당의 로널드 레이건이 펼친 TV 토론이다. 56세였던 먼데일은 73세였던 레이건에 대해 나이를 공격 포인트로 삼았다. 이에 대해 레이건은 "저는 정치적 목적을 위해 상대 후보의 어린 나이에 따른 경험 부족을 이용하지 않을 것"이라며 여유로운 모습으로 상대의 공격을 웃어넘겼다.

이와 같이 토론자는 주어진 동일한 조건에서 어떤 성향을 보이냐에 따라 토론의 전체적인 흐름을 자신이 주도하고 좌우할 수 있다는 것을 여실히 보여주고 있다. 또한 상대방과의 토론 과정에서 토론자가 어떻게 상호작용하는지에 따라 토론의 역동성은 확실하게 달라질 수 있다.

토론에서는 대체적으로 소극적인 수비형보다는 적극적인 공격형 쪽에 힘이 실리고, 이를 통해 역동성을 높일 수 있다. 다만 TV 토론은 이미지 선거로 이어질 수 있는 문제점도 안고 있다는 점을 지적해두고자 한다.

1:다 스피치

1:다는 연설이나 강의를 말한다.[14] 광화문광장이나 시청 광장 같은 곳에서 수많은 청중을 앞에 두고 연설하는 것을 떠올리면 된다. 이는 연설자가 주제에 대해 그가 알고 있는 지식과 정보를 청중에게 전달하고 그의 의견에 동의하도록 이끌어내는 스피치다. 예시로 2016년 7월 25일 민주당 전당 대회 당시 미셸 오바마의 힐러리 클린턴 지지 연설은 미 정치 역사상 가장 훌륭한 대중 연설 중 하나로 평가받는다.

"아버지의 국적이나 믿음에 의문을 제기하는 사람들을 무시하라고 충고하고, TV에 나오는 유명 인사들이 하는 혐오 발언이 이 나라의 진정한 정신을 대표하는 것은 아니라고 주장하고, 누군가가 잔인하게 굴거나 불량배처럼 군다고 해서 그 수준에 맞추어 비굴해지면 안 된다고 설명하죠. 예, 저희의 모토는 이겁니다. '상대가 저급할수록, 우리는 품위있게 가자.(When they go low, we go high.)'"

"전 우리 아이들에게 이 나라에 사는 모든 사람들이 중요하다는 것을 가르쳐줄 수 있는 대통령을 원합니다. 오래전 건국의 아버지들이 제시한, 우리 모두는 평등하게 태어났으며, 각자가 위대한 미국 역사의 소중한 부분이라는 그 비전을 진심으로 믿는 대통령을요. …(중략)… 그리고 제가 오늘 밤 여기에 있는 것은 힐러리 클린턴이 그러한 대통령이 될 것임을 알고 있기 때문입니다. 그리고 그것이 이번 선거에서 제가 그녀를 지지하는 이유입니다."

미셸 오바마의 연설이 뛰어난 것은 유권자만이 아니라 미국인 대다수의 마음을 움직였다는 데 있다.[15] 무엇을 메시지화 할 것인지 판단하는 탁월한 능력이 엿보인다. 미셸 오바마의 연설문 작성을 전담했던 세라 허위츠가 말했다.[16]

"일반 정치인들은 대중 연설에서 자신을 스마트해 보이게 만들거나, 재치 있고 유머러스하게 보이게 하거나, 강력한 지도자처럼 보이게 하는 연설을 추구하고, 청중들이 듣고 싶어 하는 연설이 무엇인지를 찾지만 미셸은 '진실된 것'만을 생각했다."

감동적인 연설의 원천은 미셸의 진심에 있었고, 그 진심이 결국 대중의 마음을 사로잡았다. 진실을 기반으로 마음에서 우러나온 이야기를 들려주는 연설은 흔히 보기 힘든 것이다. 자신의 삶과 경험과 아픔, 희망이 묻어나는 이 연설은 지극히 당당하며 자신만만하기도 하다. 연설을 통해 청중과 일체감을 형성하고 자발적 참여를 이끌어낸다면 엄청난 폭발력을 갖게 된다. 미셸 오바마의 연설은 그 대표적인 사례라고 할 수 있다.

좋은 스피치는
무엇일까?

리더는 무대의 주인공이다

리더는 어느 자리에서나 무대의 주인공이 된다. 영화나 드라마에 나온 주인공의 모습을 통해 또 다른 리더의 모습을 읽을 수 있다. 영화나 드라마를 만들어내는 주역은 크게 배우와 연출자로 나뉜다. 이를 정치 현장에 적용해보면 정치지도자와 참모진으로 나눠진다고 할 수 있다. 배우와 정치가는 그 속성이 비슷하다고 본다. 인기를 먹고 사는 직업이며 이미지가 매우 중요하기 때문이다. 연출가와 작가가 잘 구성한 내용을 배우가 관객들의 마음을 사로잡는 연기와 표현으로 전달한다면 그 작품은 성공하게 된다.

정치도 마찬가지다. 참모진들이 잘 만들어 놓은 정책과 비전을 정치가가 자기 콘텐츠화해 현장의 분위기를 살리고 숨결을 불어 넣는다면 정치가는 대중 앞에 우뚝 설 수 있는 강력한 무기를 갖게 된다. 이런 경우 어렵지 않게 무대의 주인공이 된다. 매우 뛰어난 정치가는 화려한 언변으로 대중의 감정과 사고를 자기 의도대로 주무를 수 있다. 하지만 자극만 남고 감동이 없는 정치적 수사는 오히려 마이너스 요인이 된다.

좋은 스피치와 나쁜 스피치를
가르는 5가지 기준

같은 내용을 대중에게 전달했는데도 어떤 리더는 감동을 주는 반면, 조금의 영향도 미치지 못하는 상황이 발생하기도 한다. 왜 그런 것일까? 좋은 스피치와 나쁜 스피치의 기준을 단순하게 정리하면 다음과 같다.

| 자연스러움 |

첫째는 '주체인 스피커(speaker), 즉 화자가 자신을 평가할 때 자연스러웠는지'다. 자연스러움은 청중과 공감을 이루는 최고의 경지이다. 자기 옷이 아닌 옷을 입었을 때 부자연스럽게 보이듯 자신의 언어가 아닌 말을 했을 경우에도 마찬가지다. 스스로 편안하고 자연스러우면 보는 청중도 자연스럽게 느끼는 것이다.

| 인지시키는 능력 |

둘째는 '객체인 청중이 스피치의 내용을 어느 정도 인지했는가?'이다. 사실 청중이 그 안에 담긴 많은 내용을 다 알 수는 없기 때문에 스피커는 청중의 관심사가 무엇인지 파악하고 논점을 명확히 해야 한다.

| 감정조절과 자기 객관화 |

셋째는 '스피치를 하면서 감정에 치우치지 않고 얼마나 자기 객관화에 성공했는가?'이다. 스피치에서 주체가 흥분하는 경우는 대부분 실패로 이어지지만, 반대로 청중을 흥분시키는 경우에는 성공한 사례가 많다. '주도적으로 스피치를 이끌었는가?'는 '주체가 흥분했는가, 아니면 객체가 흥분했는가'에 따라 확연히 구분된다.

칭기즈 칸은 "흥분한 상태에서는 결코 중요한 결정을 내리지 않는다"고 말한 바 있는데, 이러한 기준이 역사상 최대 제국을 건설할 수 있었던 장점으로 작용했을 것으로 본다.

| 동정과 동경 |

넷째는 '동정(同情)과 동경(憧憬)의 조화를 이뤘는가?' 즉 리더를 바라보는 대중의 시선이다. '나와 비슷한 사람이다'라는 느낌을 받는 것이 동정의 시선이며, '나와는 다른 사람이구나'라는 느낌을 받는 것은 동경의 시선에 속한다.

스피치를 통해 청중들이 '나의 어려운 처지를 이해하고 있구나!', '어렵고 힘든 일을 나처럼 겪어 딱하고 가엾구나!'라는 동정을 느껴야 한다. '청중의 아픔을 들여다보고 기쁨도 함께 나눌 수 있다'는 마음을 이끌어낸 스피치는 탁월한 스피치다.

또 하나, 청중들에게 동경의 대상이 됐는지도 중요한 요

소다. 스피치를 듣고 '나와는 다른 사람이다', '저 사람처럼
되기는 어렵지만 그래도 마음이 간다'와 같은 느낌을 받아야
한다는 것이다. 즉 그 대상을 간절히 그리워하고 따르고 싶
게 만드는 동경의 대상이 돼야 한다. 동정과 동경의 적절한
조화는 성공한 스피치로 이어진다.

| 퍼스낼리티 |

다섯째는 '스피커의 퍼스낼리티(Personality)를 살렸는가?'
이다. 퍼스낼리티는 한마디로 개인을 특징짓는 속성의 전체
를 말한다. 나는 퍼스낼리티란 '무거움(重)과 가벼움(輕)의
조화'라고 정의하고 싶다. 스피커는 의미와 재미, 감동과 자
극으로 퍼스낼리티를 살려야 한다. 의미와 감동만을 강조하
면 개성 없이 건조할 수 있고, 재미와 자극으로 치우치면 개
성은 살릴 수 있지만 가벼워 보일 수 있다.

'자신감과 겸손함을 적절하게 유지했는가?'가 하나의 퍼
스낼리티를 구성한다. 자신감이 지나쳐 오만하게 보이거나
상대를 조롱하고 조소하는 경우는 잃는 것이 더 많고, 겸손
한 태도만을 유지하는 것은 답답해 보이거나 무능해 보일 수

있다. 퍼스낼리티의 관점에서 좋은 스피치와 나쁜 스피치를
나눌 때는 대중이 공감할 수 있는 자신만의 분위기와 개성을
만들었는지가 판단의 기준이 된다.

군자삼변으로 배우는 좋은 스피치

앞에서 좋은 스피치와 나쁜 스피치를 나누는 기준을 다섯 가지로 나눠 살펴보았다. 다음으로는 좋은 스피치란 무엇인지 최대한 간명한 말로 정리해보려 한다. 필자는 좋은 스피치의 대표 사례를 '군자삼변(君子三變)'으로 꼽고 싶다. 《논어》〈자장〉 편에서 자하는 군자에 대해 언급한다.

"자하는 군자삼변(君子三變), 즉 군자의 세 가지 변모로서 멀리서 바라보면 위엄이 있고, 가까이 다가가면 따뜻하고, 말을 들어보면 논리적이다(君子有三變 望之儼然 卽之也溫 聽其言也厲)."

우선 비언어적 부분을 살펴보자. 주체인 군자가 멀리서 볼 때 엄(儼)은 위엄과 품격이 있어 객체인 백성들이 존경의 마음이 자연스럽게 우러나온다는 의미다. 군자에게 엄만 있다면 다가가기 어렵다. 하지만 군자가 백성들을 온(溫)으로 따뜻하고 온유한 부드러운 모습으로 대할 때 백성들은 그의 인간적인 매력에 빠지게 된다는 의미이다.

한편으로 언어적 측면에서 객체인 백성들은 발음이 정확하고 톤과 속도, 호흡, 억양, 강세가 적절해 듣기 편하다는 점과 군자가 앎을 기반으로 려(厲), 곧 말을 조리가 있게 하고 논리적으로 설명하는 것을 군자의 덕목으로 꼽고 있다.

즉 군자는 언어적인 면과 비언어적인 면 모두의 덕목을 갖춘 리더이다. 앞서 살펴본 좋은 스피치의 기준을 체화시킨 사람으로 볼 수 있다.

언어적 메시지+비언어적 메시지

리더는 자신이 생각하고 가고자 하는 방향이 있다면 구성원들에게 잘 알려야만 한다. 그래서 리더의 스피치는 쉽고 정확해야 한다. 리더의 말이 무엇인지 이해하기 어렵다면 대중들은 리더를 따르지 않을 것이다.

'스피치'의 사전적 의미는 '모여 있는 여러 사람들 앞에서 자기의 주장이나 의견 등을 말하는 일'이다. 따라서 스피치는 화자와 청중 간의 관계가 성립된다. 리더의 스피치는 청중과 대중에게 메시지로 전환돼 전달된다. 그렇게 스피치를 통해 화자와 청중 간의 관계가 성립된다. 대중은 리더가 하는 모든 말을 통째로 받아들이지 않고 메시지화 해서 받아들이며, 그것을 이미지화한다. 그렇다면 리더는 말하고자 하는 의미를 정확히 메시지화 해야 하고 대중들에게 자신의 이미지를 만들어가야 한다.

리더의 스피치를 이런 메커니즘으로 볼 때 리더의 메시지는 크게 두 가지로 나눠볼 수 있다. 스피치는 '언어적 메시지'와 '비언어적 메시지'로 구분된다. 언어적 메시지와 비언어적 메시지가 복합돼 말하는 사람이 자신감에 차 있는지, 불안해하는지, 평정심을 유지하는지, 흥분해 있는지가 드러나게 되고 대화를 나누는 청중들은 그로부터 행동

패턴을 읽게 되어 화자에 대한 판단 기준을 정하게 된다.

비언어적 메시지가 말보다 강할 때가 있다

먼저 비언어적 메시지는 표정, 눈짓, 손짓, 걷는 자세, 앉아 있는 모습, 서 있는 자세 등을 말한다. 즉 비언어적 메시지는 보디랭귀지로, 말이 아닌 몸짓, 손짓, 표정 등 직접적인 신체의 동작을 통해 의사나 감정을 표현·전달 또는 이해하는 행위이다. 특히 외모는 상대방이 어떤 사람일지를 판단하는 주요한 기준이 된다. 어떤 옷을 입었는지도 중요한 요소에서 빼놓을 수 없다. 의상에 따라 메시지가 달리 전달되는 탓이다.

장황한 미사여구를 포함한 말이 아닌 하나의 표정만으로도 강한 메시지를 전달해 대중을 사로잡을 수 있다.

한 예로 앵커와 대선 후보가 인터뷰를 할 때, 대선 후보의 자신감 없어 보이는 눈 떨림은 후보에 대한 신뢰 하락으로 이어질 수 있다. 텔레비전에 비친 비언어적 표현으로의 눈

떨림이 시청자가 볼 때 하나의 메시지가 되고, 그 같은 메시지가 후보에게 자신감이 결여돼 있다는 이미지를 형성하기 때문이다. 즉 비언어적 메시지인 눈 떨림이 시청자의 마음에 파동을 일으켜 믿음으로 이어지지 못하는 경우이다.

안절부절못하는 모습이나 수줍어하는 모습, 불필요한 몸의 움직임, 굳어있는 자세 등이 상태가 불안하다는 것을 보여주는 방증이다.[17]

반면에 위기 상황에서 부드럽고 따뜻한 미소를 보이는 것만으로 상황을 반전시킬 수도 있다. 대중이 지금은 가장 어려운 시기라 여기며 마음 졸여 바라보고 있을 때 리더의 표정에서 여유를 본다면 긍정적 인식을 심어줘 대중의 마음을 무장해제 시킬 수 있다. 그만큼 비언어적 표현이 여러 말보다 강한 메시지를 주는 경우가 적지 않다.

언어적 메시지에는 내공과 기술이 모두 녹아 있다

언어적 메시지는 그야말로 '말하기'이다. 말하기는 내용과 스피치 기술을 포함한 개념이다. 콘텐츠라고 할 수 있는 내용, 즉 내공이 얼마나 단단한가의 문제와 알고 있는 내용을 어떻게 잘 전달할 것인가의 문제로 나뉠 수 있다. 언어적 능력 중 내용이라고 할 수 있는 내공은 자신의 살아온 삶과 철학, 그리고 비전을 말한다.

내공은 리더가 삶 속에서 어떻게 과거 문제를 인식했으며, 현재 당면한 문제는 어떤 방식으로 해결하려 하는지, 또 미래를 위해서는 무엇을 준비할 것인지 등을 포괄하는 대안 능력을 가리킨다. 이는 문제를 넓고 깊이 고찰할 수 있는 혜안과 현실에서 풀어낼 수 있는 실용적인 능력을 가지고 있는지를 보여주는 바로미터가 될 수 있다. 이러한 내공을 언어적으로 대중이 얼마나 쉽게 이해하고 편안하게 받아들이면서 동시에 감동까지 받을 수 있게 하느냐가 스피치의 영역이자 관건이다.

언어적 능력으로써 스피치 기술은 발음을 기본으로 하며 그 외에도 톤, 억양, 속도, 강조, 호흡, 발음 등으로 구성된다.

스피치 기술: 톤

톤은 음의 일정한 높이를 말하는 것으로 뉴스를 예로 들면 '세월호 참사 사건'을 전달할 때는 평소에 말하는 톤보다 한 톤을 낮춰 차분하게 현장 소식을 전해야 한다. 태풍이 몰려온다는 소식을 전할 때는 한 톤을 높여 긴장감을 주는 것이 필요하다. 이처럼 상황에 따라 음의 높낮이로 변화를 줘야 한다. 산불과 같은 긴박한 상황에 낮은 톤을 유지한다면 지루하거나 단조로운 이미지로 전달된다.

스피치 기술: 억양

억양은 경상도와 충청도, 전라도의 억양이 다른 것처럼 한 문장에서 주어와 술어를 어떻게 전달하느냐에 따라 달라질 수 있다. '여러분, 안녕하십니까?'에서 어미를 올리느냐, 내리느냐, 아니면 담담히 서술하느냐에 따라 그 억양이 달라진다. 억양은 개성을 살릴 수 있는 무기가 되기도 하지만 지역적 특색이 지나칠 경우 한정된 지역의 대표자라는 이미지를 심어 줄 수도 있다.

| 스피치 기술: 속도 |

속도는 무엇일까? 말의 빠르기다. 말의 속도가 빠르면 더 똑똑하고 자신감 있으며 전문성이 있다고 인식되는 게 보통이다. 느리게 말하는 사람보다 빠르게 말하는 사람이 더 지적이고 설득력 있어 보인다.[18] 예시를 들어보자. 스포츠 중계는 현장을 표현하기 위해 말을 속도감 있게 진행한다. 반면 손석희 앵커의 '앵커브리핑'의 경우 속도가 빠르지 않지만 차분함 속에 비장함이 담겨 있는 경우이다.

| 스피치 기술: 강조 |

강조는 자신이 하고자 하는 말에 특별히 힘을 주는 경우이다. 예를 들면 "보수와 진보를 뛰어넘는 국민통합 대통령이 되겠습니다"라는 연설을 할 경우 자연스럽게 '국민통합'에 강조를 두게 된다. 문장에서 어느 단어를 강조하느냐에 따라 자신의 생각이 강하게 드러나는 것으로 해석된다. 즉 강한 강조는 자신의 생각을 확실하게 추진하겠다는 것으로 보일 수 있다.

스피치에서 강조를 한다는 것은 크게 소리 내 외친다는

의미를 넘어 정확한 의미를 전달하기 위한 과정이고, 그 의미가 청중의 뇌리에 남는다면 성공한 스피치가 된다.

| 스피치 기술: 호흡 |

스피치 중 어느 부분에서 숨을 쉴 것인가, 즉 호흡의 문제 또한 고려해야 한다. 숨을 쉰다는 것은 연설자가 여유를 갖고 있는 상태인지 알아볼 수 있는 기준이 된다. 호흡이 안 되면 문장을 어디에서 끊어 읽을지 몰라 한마디로 스텝이 꼬이게 된다. 호흡은 끊어 읽기와 깊은 상관관계가 있다. 긴장하면 맥박이 빨리 뛰고 호흡이 거칠어져 제대로 말을 할 수가 없다. 이 경우 듣는 청중은 불안해지기 마련이다.

《논어》의 "말할 때가 되지 않았는데 말하는 것을 조급함이라 한다. 말할 때가 되었는데도 말하지 않는 것을 숨김이라고 한다"[19]라는 글귀에서 보듯이 말할 때가 되지 않았는데 무엇에 쫓기듯 서둘러 말하는 것을 '조급함'이라고 한다.

조급함은 호흡이 짧을 때 나타나는 부작용이다. 조급함과 여유를 판가름하는 것이 바로 호흡이라는 뜻이다. 말하기나 연설 문장에서 반 호흡, 한 호흡, 잠시 생각의 기회를 주는 긴 호흡 등으로 나뉠 수 있다. 말하는 사람에게 자신이 있고 여유가 있으면 어디에서 반 호흡을 쉴지, 한 호흡으로 갈지, 좀 더 긴 호흡으로 다음 문장으로 갈지가 자연스럽게 이어지게 된다.

예시를 하나 소개하겠다. 2017년 대통령선거 당시 안철수 국민의당 대통령 후보의 수락 연설 속 문장을 통해 어떻게 호흡하면 좋을지 생각해보자.

"존경하는 국민 여러분! 지난 2012년, 제가 완주하지 못해 실망하신 국민들이 계시다는 것 잘 압니다. 하지만 저 안철수, 2012년보다 백만 배, 천만 배 강해졌습니다."

연설 장면을 보면 안철수 후보는 '존경하는 국민 여러분'은 한 번에 읽고 한 호흡을 쉰다. '지난 2012년'에는 출마하지 못해 못내 아쉬움을 표현하기 위해 숨을 3~4회 쉬거나 아니면 5~6회 쉬는 긴 호흡으로 자신의 감정을 표현할 수 있다. 그러면서 '제가'는 반 호흡으로 쉬며 속도를 붙여 '완주하지 못해 실망하신 국민들이 계시다는 것 잘 압니다'는 바로 읽는 것이다.

여기에는 숨은 의미가 있다. 긴 문장을 한 호흡 처리함으로써 지나간 일은 잊겠다는 의지를 표현한 것이다. 그 뒤에는 '하지만 저 안철수'로 한 호흡을 쉬며 다진다. 그리고 '2012년보다 백만 배, 천만 배 강해졌습니다'에서 '2012년보다'를 한 호흡 쉬고 '백만 배', '천만 배'에서 2~3회 호흡으로 여유를 가지고 강한 의지를 피력할 수 있는 것이다.

안철수 후보의 당시 연설은 개인적인 생각이지만 호흡 처리가 안 돼 읽기에 급급했고 그 의미가 청중들에게 다가가기에 미흡했다고 본다. 성공한 연설은 대중과 같이 호흡해야 한다는 말이 있는 것처럼, 자신의 연설로 대중을 끌어들이기 위해 적절한 호흡을 사용해야 한다.

리더의 스피치는 언어적 능력과
비언어적 능력의 조화다

다시 정리하면, 리더의 스피치는 자신의 콘텐츠를 대중에게 언어적 능력과 비언어적 능력의 조화를 통해 전달하는 것이다. 언어적 능력은 말하기에 있어 한 톤을 높일 것인지 낮출 것인지, 속도는 빠르게 아니면 느리게 할 것인지, 억양의 개성은 어떻게 살릴 것인지, 강조는 어디에 둘 것인지, 그리고 어떤 호흡으로 다가갈지 등을 포괄한다. 그리고 여기에 비언어적 능력은 손짓과 몸짓, 눈짓, 걸음걸이, 헤어스타일과 분장, 의복 등으로 나타난다.

리더는 자신에 맞는 언어적 능력과 비언어적 능력을 만들어 조화시킬 때 대중에게 사랑받고 감동을 줄 수 있다.

T.P.O에 적절한 스피치

이와 같이 리더의 스피치는 언어적 메시지와 비언어적 메시지를 통해 타자에게 다가간다. 이러한 조건을 넘어 정치의 최전선에 서 있는 정치 리더는 어떻게 말하는 것이 좋을까? 정치인은 예측 가능한 상황과 예측 불가능한 상황을 늘 마주하게 된다. 정치 리더에게는 모든 상황이 정무적 판단의 대상이라고 할 수 있다. 현안에 대한 판단과 결정을 통해 자신의 언어로 대중에게 다가가야 한다. 정치 리더의 스피치는 정무적 판단과 고뇌의 산물이기 때문이다.

정치 리더는 언제, 어디에서, 누구를 대상으로 하는지에 맞춰 무엇을 말하고 어떤 톤앤매너(tone & manner)를 견지할 것인지 늘 염두에 두어야 한다. 정치 리더의 스피치에는 티피오(T.P.O)가 필요하다. 시간(Time), 장소(Place), 상황(Occasion)에 따라 알맞은 어휘와 사례로 구성된 주장과 근거들을 스피치에 담아내야 한다는 뜻이다. 스피치의 내용과 방향이 한마디로 시대정신에 부합할 때 정치인으로서 우뚝 설 수 있다. 정치 리더가 시대의 흐름과 대중의 마음을 읽고 스피치를 할 수 있는 내공을 갖췄다면 대중의 마음에 깊이 뿌리 내릴 수 있다.

리더의
스피치 유형

스피치를 통해 리더의 이미지가 형성된다

스피치는 언어적 능력과 비언어적 능력으로 구성되고 이
것을 통해 한 사람의 이미지가 형성된다. 이미지는 사전적
의미로 '감각에 의해 획득한 현상이 마음속에서 재생된 것'
또는 '어떤 사람이나 사물로부터 받는 느낌'을 말한다.

스피치의 영역에서 볼 때 감각은 시각과 청각을 주로 사
용하게 된다. 언어적 능력은 듣기와 읽기, 말하기로 청각을
통해, 비언어적 능력은 시각을 사용해 그 사람을 인식하게

되고 하나의 이미지가 만들어진다. 어느 경우에는 단 몇 초만으로 그 사람의 이미지가 형성되기도 하고 오랜 시간 축적돼 만들어지기도 한다.

리더는 대중 앞에 노출되는 시간이 상대적으로 많다. 그렇다 보니 언론에 비친 모습과 주변의 평가가 복합돼 중층적 이미지가 만들어지고, '그 리더는 이런 사람이다'라는 이미지가 형성되기에 이른다. 리더의 스피치 유형은 언어적 능력과 비언어적 능력으로 자연스럽게 형성된 이미지를 중심으로 유형화를 시도할 수 있다.

리더의 4가지 스피치 유형

리더는 반드시 전달할 콘텐츠를 갖고 있어야 하고 조직원과 대중인 청중이 누구인지, 그들이 무엇을 원하고 기대하는지 알고 있어야 한다. 또한 목적이 담긴 메시지를 상황과 장소, 대상에 따라 어떻게 전달할지를 정리해야 한다.

리더는 자신감 있고 당당한 '주장형', 청중의 감정선을 폭발시키는 '선동형', 이성적으로 차분히 설명하는 '설득형', 겸손함을 유지하면서 낮은 자세로 다가가는 '호소형' 중 어떠한 방식으로 청중에게 다가갈지 결정해야 한다.

주체인 스피커는 객체인 청중에게 어떻게 다가갈지 자신만의 이미지를 메이킹해야 한다. 결국 스피커는 청중에게 '나는 이런 사람이다'라고 어필해 자신이라는 상품을 파는 것으로, 충분한 매력을 뿜어내야 한다. 듣고 보는 객체인 청중의 머리와 마음속에 깊은 인상을 심어주어야 한다.

리더의 스피치 유형은 크게 설득형, 주장형, 호소형, 선동형으로 나눌 수 있다. 먼저 이성과 감성이라는 측면에서 살펴보면 설득형과 주장형은 논리적으로 설득하고 자기주장을 펼치기 위해 이성적 화법에 기반하고 있다. 호소형과 선동형은 정서에 다가가는 감성적 화법에 보다 더 가깝다고 할 수 있다.

여기에 스피치의 중심을 자기 자신에게 둔 상태인지 아니면 타자에 무게를 두고 전달하는 상태인지에 따라 또 분류될 수 있다. 즉 자기를 중심에 둔 주체적 화법인지 아니면 타자라고 할 수 있는 객체 즉 청중과 대중에게 다가가는 화법인지에 따라 또 나눠질 수 있다.

자기적 관점에서 출발하는 화법은 주장형과 선동형이라고 할 수 있고 타자적 관점으로 볼 때 설득형과 호소형이 여기에 속한다고 볼 수 있다.

주장형 스피치 분석

주장형은 자신감이 넘치면서 자기의 주장을 확실히 펼치는 유형이다. 이성에 기반하고 자기는 늘 옳다는 의식을 갖고 있다. 때문에 자신의 입장을 고수하면서 옳다고 자기를 세뇌시킨다. 자신이 대중과는 다를 뿐 아니라 비교우위에 있다고 보고 자신의 주장을 대중들에게 주입시키고자 한다.

주장형 스피치의 가장 큰 특징은 'yes or no'가 분명하다는 것이다. 자기중심적으로 대화를 이끌어 가 카리스마가 있는 것처럼 비춰질 수 있지만 상대방의 말에 귀를 기울이지 않으며 배려할 줄 모르고 자신의 말만 늘어놓아 자칫 오만하게 비칠 수 있다. 이 유형은 자신이 매우 특별한 존재이기를

바라지만, 업적이 뒷받침되지 못할 경우 주장은 힘을 잃게
된다. 말만 앞서는 주장을 펼치다 스스로 정치적 유효기간을
단축시키는 것이다.

주장형은 모든 중심이 자신에서 출발하기 때문에 세상의
흐름을 제대로 읽지 못하고, 자신을 따르는 구성원들이 충
분하게 자신만의 색깔을 발휘할 수 있는 여지를 주기도 힘들
다. 즉 구성원들이 자신의 목소리를 낼 수 있는 공간이 없는
것이다.

주장형은 목표 의식이 뚜렷하고 자기 신뢰가 강해 자신감
있게 모든 일을 해결할 수 있다고 확신한다. 또 끝까지 포기
하지 않고 자신의 주장을 관철시키려 하는 승부 근성이 있
다. 특히 자신의 영역을 지키는 데 능숙하기 때문에 진영 안
에서는 큰 효과를 거둘 수 있다.

한편 주장형은 다소 독선적으로 비치고 타인의 자발적 의
욕을 꺾을 가능성이 크다. 주장형은 토론이나 대화에서 상대
를 무시하는 전략을 보이는 경우가 많고 특히 상대가 말하는
동안 무관심한 태도를 보인다.

주장형은 대체로 변화를 거부하고 패배를 인정하지 않으

며 남의 탓으로 돌리는 행동을 보인다. 주장형의 리더는 조직원의 의견은 무시하고 자신이 하고자 하는 방향으로 목표를 정한 뒤 업무를 지시하고 일방적으로 따라오라고 요구하며 조직을 손아귀에 넣고 독점하려 하는 경향이 있다.

선동형 스피치 분석

선동형 스피치는 일단 매혹적이고 감정적이다. 대중의 불안 심리를 어루만져주고 감정적 자극을 통해 불만을 해소하려 한다. 인간의 마음은 늘 불안과 불만이 자리 잡고 있기에 이를 대체할 수 있는 환상을 심어주려 한다.

선동형은 누군가를 희생양 삼아 감정의 폭발점에 세우려 한다. 대중의 감정에 기대지만 자기가 바라보는 세계관으로 청중을 끌어들인다. 자신의 감정을 대중에게 투사시키는 능력이 탁월하다 보니 대중이 빠져드는 몰입도가 매우 높다.

설득형과 비교해 볼 때 선동형은 이성적 접근이 아니라 감성적 접근으로 자신의 생각과 의견, 느낌을 솔직하게 말하

는 편이다. 매력적인 스피치로 감정의 극적 효과를 얻을 수
있지만 자칫 말실수로 이어질 수 있는 가능성이 내재한다.
사실 선동형은 분노를 표출하는 능력도 뛰어나지만 분노를
잘 삭이지 못하는 단점도 있다. 때문에 선동형은 자신의 감
정을 다스릴 줄 알아야 한다.

그리고 선동형은 밝은 표정과 자신에 찬 말투로 대중과의
공감대를 만들고 일체감을 확보하는 장점이 있다. 특히 열정
이 매우 강해 함께하는 사람들에게 불가능해 보이는 일도 가
능하게 만들 수 있는 희망의 생명력을 불어넣을 수 있는 강
한 전염력을 갖고 있다. 자신을 불태울 수 있는 열정의 소유
자로 청중들을 감화하고 청중 자신도 헌신과 희생을 할 수
있도록 이끌어낸다.

선동형은 감정선을 타고 가기 때문에 자신의 감정을 컨트
롤하지 못하면 궤도를 벗어나 자기 함정에 빠질 수 있다. 선
동형은 인간적 매력과 더불어 자기 자신이 청중과 일체화되
는 느낌으로 대중을 선동해 막강한 영향력을 발휘할 수 있
다. 히틀러와 같이 인간적인 면모와 신비주의 이미지를 함께
구축해 대중의 마음을 휘어잡아 절대적인 통치로 만들어 가

는 경우도 있다.

선동형과 주장형의 차이점과 공통점

선동형과 주장형이 확연히 나눠지는 포인트는 호흡 조절에 있다. 주장형은 호흡이 일정한 가운데 말의 속도가 규칙적으로 전개된다. 반면 선동형은 긴 호흡과 짧은 호흡을 적절하게 조절하며 그 호흡 속에 말의 속도와 강세를 조절한다. 선동형과 주장형의 공통적 특징은 질문을 받았을 때 자기도취에 빠져 즉흥적이고 충동적인 답변을 함으로써 말실수를 할 수 있다는 것이다. 또한 타인에 대한 배려가 부족해자칫 남을 무시하는 모습으로 비치기도 한다.

호소형 스피치 분석

호소형은 자기 자신을 낮추며 겸손한 태도로 청중에 다가간다. 감성적 호소에 무게를 두면서도 이성적 화법을 적절하게 구사한다. 대중과 공감대를 넓히기 위해 낮은 자세를 유지하고 일방적으로 자신만이 옳다고 강요하지 않으며 자기가 하고 싶은 말만 내뱉지도 않는다.

호소형은 대중이 듣고 싶어 하고 좋아하는 말로 호소하지만 때로는 이성적 설득을 통해 자신의 주장을 펼쳐가기도 한다. 일방적으로 자신이 하고 싶은 말을 대중에게 강요하지 않는다는 점이 특징이다. 상대방의 기분을 상하지 않게 하면서 대화를 이끌어 간다는 점이 강점이나 자칫 상대방을 너무 지나치게 배려해 유약해 보일 수 있다.

상대적으로 주장형에 비해 'yes or no'가 불분명하다. 호소형은 자신의 입장에서 하고자 하는 말과 하지 않아야 할 말을 구분해 전달하는 능력이 부족한 편이다. 또한 대범해 보이지 않는 단점이 있다. 하지만 호소형이 카리스마가 부족하기 때문에 그 부족함을 채울 수 있는 조직원들의 공간이 생기고 다양한 개성을 가진 부하들이 시너지를 낼 수 있는 효과를 거둘 수 있다.

또한 호소형은 눈물과 인정이 많은 편이고 애틋한 마음을 가지고 상대방에게 다가가려 한다. 특히 진심으로 나의 얘기를 들어줄 것 같은 공감을 이끌어낸다. 호소형은 자신을 드러내지 않기 때문에 무색무취하게 보일 수 있다. 자신의 모습을 과장하지 않기 때문에 주도권을 잡고 일을 추진한다는 느낌을 주지 못한다.

호소형의 또 다른 특징은 친근한 이미지가 장점으로 무조건 나를 따르라고 하기보다는 함께 가자며 자발성을 강조한다는 점이다. 강력한 카리스마가 아닌 부드럽고 다정다감하고 푸근한 모습으로 다가가려 한다. 그러다 보니 다소 수동적이고 소극적으로 비치게 되어 먼저 나서 해결하는 적극적인 리더의 모습은 드러나지 않는다. 나쁜 일이나 좋지 않은 소식을 전할 때는 호소형으로 신중함을 유지해야만 한다.

호소형의 가장 큰 단점은 타인을 늘 고려하다 보니 결정을 신속하게 내리지 못하거나 자신의 결정을 다른 사람에게 미루는 경향이 있다. 호소형은 비밀스럽게 의사결정을 하기보다는 공개적으로 의견을 구하려 한다. 호소형은 자신의 권력을 과시하고 드러내기보다 청중과 감정적 교감을 근본으로 하여 자신을 유지하고 있는 것이다.

호소형은 정치경제 상황이 어려울 때 오히려 가장 빛을 내는 유형이라고 할 수 있다. 1997년 IMF라는 경제위기와

2017년 탄핵정국 속에서 대통령선거가 있었다. 김대중 후보와 문재인 후보는 위로받고 싶은 국민의 마음을 어루만지고, 낮은 자세로 국민의 목소리를 듣는 호소형 스피치로 대선에서 승리했다.

설득형 스피치 분석

설득형은 합리적 이성에 접근하며 듣는 객체의 시선에서 바라보고 말하는 유형이다. 가장 큰 특징은 논리적 근거를 들어 설명하는 것을 좋아한다. 국내외 사례와 통계수치를 언급하면서 자신의 지적 능력을 뽐내기 좋아하는 유형이다. 구체적이고 쉽고 정확한 말로써 자연스럽게 설득하지만 지나치게 이성적이다 보니 인간적인 매력과 거리가 멀어질 수 있다.

그리고 설득형은 다른 사람의 능력을 검증하려 한다. 상대가 얼마나 지적 능력이 있고 얼마나 많은 것을 알고 있는지 평가의 잣대를 들이민다. 상대가 제시하는 말과 글의 허점을 파고들어 상대를 설득하고 자신이 원하는 답을 이끌어내려 한다. 많은 정보 속에서 요점을 신속하게 파악하는 능력이 탁월하다. 내용을 체계적으로 정리해 주어진 시간에 자신이 알고 있는 지식을 다 쏟아내려 한다.

설득형은 토론을 통해 해법을 모색하려는 경향이 강하다. 1:소인 토론에서 돋보일 수 있다. 대체적으로 자신의 말에 대해 완벽하게 매듭지으며 정치하려는 경향이 강하다. 설득형은 감정에 잘 휩쓸리지 않는 편이고 논점 파악을 잘해가며 대응한다. 자신의 논리로 타인을 이해시키려 하지만 설득에 실패했을 경우에는 상대가 적으로 바뀔 가능성이 매우 높다.

설득형의 가장 큰 어려움은 어떤 문제에 대해 대안을 제시하고 현실의 문제와 관련된 답을 찾아야 한다는 데 있다. 그 설득력이 떨어질 때 설득형은 자리를 잃고 만다. 또한 정직하지 못한 행동을 보일 때 설 자리가 없다. 설득형은 자유롭게 소통하는 것처럼 보이지만 자신의 논리와 생각을 타자에게 주입하려는 경향도 강해 오히려 대화 자체가 경직되거나 일방적인 결론을 도출해낼 수 있다.

스피치 유형은
조합과 변화도 가능하다

앞에서 설명한 4가지 스피치 유형을 표로 정리하면 다음
과 같다.

리더의 스피치를 4가지 유형으로 구분했지만 사람에 따
라 하나의 유형으로 딱 맞게 적용되는 경우도 있고, 여러 유
형이 함께 어우러져 나타나는 복합적인 형태를 지니는 경우
도 있다. 리더의 스피치는 장소와 상황에 따라 어느 경우에

	이성적 화법	감성적 화법
자기중심적 화법	주장형	선동형
타자중심적 화법	설득형	호소형

는 선동형이었지만 어느 경우에는 주장형으로 나타날 수 있고 리더가 나이가 들고 경험이 쌓이면서 다른 스피치 유형으로 바뀔 수 있다.

예를 들면 김대중 전 대통령의 경우 1971년 대통령선거에서는 전형적인 선동형이었고 1987년 대선의 경우에는 선동형과 설득형 스피치, 1992년의 경우에도 선동형과 설득형 스피치, 1997년 대선에서는 IMF라는 국가 위기 상황을 고려한 호소형과 설득형의 스피치로 점차 변화하는 것을 볼 수 있다.

김영삼 전 대통령은 일관적인 주장형 스피치 형태를 띠고 이명박 전 대통령의 경우 2007년 대선 당시에는 설득형 스피치를 주로 했지만, 대통령 임기 내내 주장형 스피치로 변화되는 모습을 볼 수 있었다. 박근혜 전 대통령은 2012년 대통령선거에서는 주장형이었지만 대통령 재임 기간 동안 주장형이 좀 더 강화되는 일방적 주장형으로 바뀌는 모습이었다.

스피치 유형별 화법의 특징

이제 리더의 스피치 유형에 따른 화법의 특징들을 살펴보기로 하자. 주장형 스피치는 주어를 강조하는 경향이 매우 높다. 2007년 대선에서 정동영 후보는 유난히 '정동영이', '정동영이가', '정동영은' 등 주어를 강조하는 특징이 두드러졌다. 주장형 스피치는 말할 때 직설화법을 사용한다.

2017년 대선에서 홍준표 후보는 전형적인 직설화법을 구사했는데 완곡하게 돌려서 자신을 표현하는 것이 아니라 상대를 향해 독설을 내뿜는 유형이었다.

선동형 스피치는 대중의 감정을 자극하기 위해 격렬한 표현을 서슴지 않고 사용한다. 2002년 대선에서 노무현 후보는 장인의 좌익 활동이 논란이 돼 집요한 공격을 받게 되는 상황에서 "제 장인은 좌익 활동을 하다가 돌아가셨습니다. 이런 아내를 제가 버려야 합니까?"라며 사실을 인정하면서 '아내를 버리라는 말이냐'라는 강렬한 메시지로 상황을 뒤집었다. 노무현의 해당 연설은 가장 대표적인 선동형 스피치로 꼽을 수 있다.

설득형은 대체로 사례나 숫자를 들어 차분히 설명하고 말에 각인 효과가 있는 것처럼 같은 말을 반복하는 특징이 있다. 1997년 대선에서 김대중 후보는 IMF 위기에서 우리의 경제 상황과 위기 극복을 위해 무엇을 해야 할지 논리적으로 설득했다. 호소형은 말의 흐름이 부드러우면서 자연스럽게 흘러가며 말의 어미는 내리는 특징이 있고 은유적 화법을 쓰는 경우가 많다.

2017년 대선에서 문재인 후보의 스피치는 문제를 제기하지만 직접적으로 표현하기보다 은유적으로 빗대어 겸손하게 다가가는 호소형이었다. 문재인 후보는 "여러분, 힘드시죠?", "얼마나 고생스러우십니까?"와 같이 감정을 살려 대중에게 공감의 메시지를 전하는 등 감동을 주는 화법을 선보였다. 힘들 때 손만 잡아줘도 눈물이 나는 것처럼 국민이 처한 상황을 잘 알고 있다고 표현하는 호소형 스피치였다.

기술적 측면으로 구분한
스피치 유형별 특징

앞서 언급한 언어적 메시지에서 톤, 억양, 호흡, 속도로 스피치 유형을 적용해보면 주장형·선동형이 호소형·설득형과 비교해볼 때보다 톤을 높여 말한다는 것을 알 수 있다.

선동형의 노무현과 주장형의 홍준표가 설득형의 김대중과 호소형의 문재인보다 확실히 톤이 높다는 것을 알 수 있다. 억양으로 볼 때 1987년 대선에서 김영삼 후보와 김대중 후보, 김종필 후보는 부산과 호남, 충청을 대표할 정도로 뚜렷한 억양이 나타났는데 선동형이나 주장형이 상대적으로 설득형과 호소형보다 억양이 강하다는 것을 알 수 있다.

호흡 면에서 볼 때는 한 호흡으로 한 문장을 소화해 자신의 의견을 피력하는 경우가 선동형과 설득형이라고 할 수 있고, 주장형과 호소형은 한 문장의 여러 단어를 조각내듯이 몇 번의 호흡으로 연설을 이끌어간다.

연설자와 청중의 교감이라는 측면에서 호흡을 바라본다면 자기 호흡에 더 중심에 두는 경우가 주장형과 설득형이

고, 청중과 호흡을 같이 한다는 측면에서는 호소형과 선동형
이 더 우위에 있다고 볼 수 있다. 말의 속도에서는 선동형과
설득형이 빠른 편이고 주장형과 호소형이 다소 느린 편이다.

이것을 표로 정리하면 다음과 같다.

	주장형	설득형	호소형	선동형
톤	+	−	−	+
억양	+	−	−	+
호흡	−	+	−	+
속도	−	+	−	+

PART 3

13대부터
20대까지
스피치 유형으로
본 대통령선거

1987년 이후 대통령선거의 가장 큰 특징은
통합과 연합한 후보는 승리했고, 분열한 후보는 패배했다는 점이다.
또 하나, 분열하지 않은 여당 후보는 집권에 성공했지만
야당 후보의 경우 단일화했다고 해서 꼭 승리한 것은 아니었다.
대통령선거에서 여야의 구도가 어떻게 설정되느냐에 따라
대선 결과가 달라졌다.

제13대
대통령선거

앞서 살펴본 스피치의 분석 기준을 적용해 역대 대통령 및 후보의 스피치 유형을 분석해보기로 하자. 리더의 스피치 유형을 통해 본 역대 대선 분석은 미래의 리더십에 대한 예측까지 가능하게 해줄 것이라는 점에서 의미를 가진다.

1987년 대통령 직선제가 실시된 것을 기점으로 분석한다면 그 이전의 이승만, 박정희, 전두환 대통령은 권위에 기반한 전형적인 주장형 스피치라고 할 수 있다. 과거 권위주의 정부하에서 대통령의 스피치는 일방적인 주장형 스피치였다. 그 누구도 대통령의 지시에 반박할 수 없는 상황이다 보니 자연스럽게 주장형의 스피치 형태를 띠었다. 그러나 직선 제 이후 리더의 스피치 유형은 매우 다양한 형태로 나타난다.

앞서 정리한 분석 틀을 활용해 리더의 스피치 유형을 1987년 직선제 이후 치러진 한국의 대통령선거 과정에 적용해 분석해보고, 다음 2027년 대통령에는 어떤 리더의 스피치 유형이 유효한지 예측해볼 것이다.

또한 스피치 유형을 통해 대통령선거 분석과 더불어 여야의 구도가 어떤 대선 결과로 이어졌는지도 살펴보려 한다. 여당이 분열하지 않은 가운데 현 대통령과 차별화된 스피치 유형을 보이는 대통령 후보는 대선에서 승리했다는 한국 정치의 대선 법칙을 입증하는 것도 목표 중 하나다.

1987년 13대 대통령선거는 민주정의당의 노태우, 통일민주당의 김영삼, 평화민주당의 김대중, 신민주공화당의 김종필 후보자들이 경쟁하는 다자 구도였다. 1987년 민주화 물결과 더불어 대통령 직선제가 실시되자 대통령 후보들은 국민 앞에서 자신의 스피치를 선보여야 하는 상황에 이르렀다. 1987년 대통령선거 과정에서 4당 후보는 수많은 군중 앞에서 연설을 했고 이들의 스피치는 텔레비전을 통해서도 송출

됐다. 시대의 변화 속에서 스피치의 환경도 변화하자 각 후보의 연설은 서로 다른 색깔로 나타났다.

노태우

당시 노태우 후보는 전두환 전 대통령과는 다른 스피치를 선보인다. 전두환 전 대통령이 저돌적이고 공격적이면서 일방적인 주장을 펼쳤다면 노태우는 온건하면서 방어적이고 자신을 낮추며 호소하는 유형이다. 전두환 전 대통령과는 확실히 차별화되는 전략이었다. 국민에게 다가가기 위해 부드러우면서 국민의 말에 귀를 기울이는 탈권위적인 모습을 보였기 때문이다.

1987년은 민주화에 대한 열망이 더없이 높았고 전두환 정권에 대한 국민적 저항이 거세 1987년 6월 민주화 항쟁으로 이어진 상황이었다. 노태우 후보는 당시 민주정의당 총재이자 차기 대선 후보로, 6·29 선언에서 개헌을 통해 대통령 직선제를 실시하고 언론과 정당의 자유를 보장하는 등 민의를 받아들이겠다고 약속했다.

또한 일방적 주장형이 아닌 '위대한 보통 사람의 시대'를 열어 낮은 자세로 섬기겠다는 호소형 스피치로 국민 앞에 다가갔다. 타인을 설득하고 조정하는 모습을 보여 중립적이면서도 화합을 추구한다는 점을 강조하기도 했다. 노태우 대통령의 취임사에서도 탈권위주의 이미지를 만들기 위해 상당한 노력을 기울였다는 점이 드러난다.

"저는 국민을 일방적으로 이끄는 대통령이 되기를 원하지 않습니다. 그렇다고 이끌려 다니는 대통령이 되지도 않을 것입니다. 국민과 어깨를 나란히 하고 꿈과 아픔을 같이하는 국민의 동행자, 이것이 제가 진실로 추구하는 대통령의 모습입니다."

또한 민주화의 큰 흐름 속에 위기의식을 느끼고 있는 보수 세력에게 '변화와 안정'이라는 슬로건은 히든카드 역할을 충분히 했다. 국민은 강력한 통치자를 원하는 것이 아니라 민주화 시대에 국민의 의견을 수용하고 갈등을 조절하며 국민의 기대에 부응하는 대통령을 원하고 있었다. 노태우 후보는 이런 시대의 요구를 충족시키기 위해 여론에 귀를 기울이는 지도자는 바로 자신이라고 강조한다.

> "나는 결코 강성이 아니었다. 남을 누르고 앞서가는 것을 본능적으로 좋아하지 않았다. 언제나 다른 사람들에게 어떻게 도움이 될지를 먼저 생각했다. 남들이 다툴 때 조정자로서 나서서 문제를 풀어주곤 했다. 자만인지는 몰라도 오늘날의 시대가 요구하는 인물이 바로 나 같은 존재가 아닐까 하고 자문자답해본다……. 남의 말을 들어야 한다. 대통령이 말을 많이 하면 다른 사람들이 말을 못하게 된다."[20]

하지만 그러한 점이 노태우 후보를 '물태우'와 '우유부단의 대명사'로 불리게 할 정도로 유약한 이미지를 형성했다. 그러나 이런 비난을 자연스럽고 대범하게 수용하며 민주주의의 점진적 발전에는 자신이 적임자라고 주장했다.

"누군가 시중에서 '물태우'라고 하는데 아는가?"라고 노 대통령에 질문하니 그는 "권위주의 시대에서 민주주의 시 대로 한꺼번에 건너뛰기는 쉽지 않다. 역사의 발전은 필 요한 과정을 거쳐야 한다. 이 과정에서 징검다리 역할을 하는 것이 나에게 주어진 소명이라고 생각한다. 그 징검 다리가 될 수 있다면 누가 물태우든 뭐라고 하든 어떠냐" 고 대답했다.[21]

이처럼 노태우 후보는 조정자 리더십과 탈권위적인 리더 십을 보여 13대 대통령으로 선출되었다. 권위주의 정부에서 민주화시대로 바뀌는 전환기의 지도자로서 대통령직을 수 행했다고 볼 수 있다.

노태우 전 대통령의 스피치는 전형적인 호소형 스피치다. 톤이 높지 않고 말의 속도는 빠르지도 느리지도 않지만, 듣 는 청중 입장에서는 다소 느리게 느껴질 수 있다. 억양은 주 어나 술어에서 특징 없이 담담하게 풀어가고 단어의 강약에 있어서도 도드라지지 않는다. 호흡은 긴 호흡이나 짧은 호흡, 즉 한 호흡과 반 호흡을 적절히 사용하기보다 일정한 호흡으로 안정감을 주는 스타일이다. 그의 화법은 자기중심보다는 타자 중심이고 이성적이기보다 감성적으로 접근하는 호소형 스피치다.

노 전 대통령의 스피치에서 발견할 수 있는 또 하나의 특징이 있다. 모든 이슈에 대해 자신의 입장을 확실하게 표현하지 않고, 자신에게 불리한 정치적 이슈에 대해서는 회피하거나 무대응으로 일관했다는 것이다. 유리한 정치적 이슈인 6·29 선언에 대해서는 적극적으로 언급하며 효과를 극대화하려 노력했지만, 자신에게 불리한 12·12 사태나 광주민주화항쟁과 관련한 문제 제기가 있을 경우에는 빠르게 국면 전환을 시도했다.[22] 그는 불리한 이슈가 있을 때 '보통 사람'이라는 프레임을 강조해 상대 후보의 공격을 우회하는 전략을 펼쳤다.

김영삼

김영삼 후보는 20대의 나이에 국회의원에 당선돼 평생 정치 현장을 누볐고, 그의 정치 인생은 민주주의를 부르짖는

지도자의 모습으로 일관돼 있었다. 실제로 그는 오랜 세월 야당 정치인으로서 민주화를 이룩해야 한다는 명제 아래 저돌적인 추진력을 보였다. 김영삼 후보는 민주화를 상징하는 인물이었고 자신의 주장을 강력히 펼쳐나갔다. 그의 정치 언어엔 민주화의 염원이 담겨 있었고 반드시 군정을 종식하겠다는 의지를 선보이며 강한 카리스마로 승부사 기질을 발휘했다.

> "우리 사회가 안고 있는 갈등과 진통의 근본 원인은 노태우 정권의 비민주적 속성과 정치력의 부족에서 비롯된 것이다. 특히 노 정권이 구시대의 비리를 과감히 청산하고 민주개혁을 실천해 나가지 못하는 데서 오늘의 모든 진통이 연유하고 있다. 이번 정기국회가 끝나는 금년 말 안으로 5공청산과 광주 문제를 매듭짓고 내년부터는 미래의 문제를 다루기 위해 역사의 페이지를 넘길 것을 제의한다."[23]

김영삼 후보의 주장은 단선적이고 확실하며 군더더기가

없다. 그의 스피치 특징을 요약하면 톤은 높고, 문장은 짧은 호흡의 단문으로 처리하고, 말 한마디 한마디에 강조를 두었으며, 말하는 속도는 빠르지 않지만 강한 경상도 억양이 주장에 힘을 더해주는 전형적인 주장형 스피치였다.

"이런 점에서 마지막으로 노 대통령의 결단을 촉구한다. 만일 금년 안으로 5공 청산이 이루어지지 않을 경우 우리 당과 나는 중대한 결심을 하게 될 것이며 현 정권은 정통성과 도덕성에 대한 강한 도전을 받게 될 것임을 경고한다. 이미 세 야당 총재들이 합의하여 제시한 5공 청산과 광주 문제 해결방안은 반드시 실현되어야 한다. 두 전직 대통령은 하루속히 국회에서의 공개 증언을 통해 명백히 진상을 밝히고 과오를 솔직히 시인해야 하며, 또한 과거의 잘못에 책임이 있는 5공핵심 인사들은 마땅히 공직에서 물러나야 한다. 광주 문제 역시 희생자의 명예가 회복되고 충분히 보상되는 선에서 해결되어야 한다."[24]

김영삼 후보의 스피치에서는 하나의 전선을 명확히 하는

최전방 공격수의 모습을 읽을 수 있다. 오랫동안 반독재 투쟁과 민주화 운동을 하면서 몸소 체험한 자기만의 언어가 그대로 녹아들어 있다고 보아도 좋을 것이다.

김대중

김대중 후보는 민주화 운동의 산 증인으로, 민주화 시대의 적임자임을 내세우며 지역주의가 만연했던 당시 선거에서 호남 민심에 좀 더 다가가는 선동형 스피치였다. 민주화의 열망을 꽃 피우려 했고 그간 설움을 겪고 있던 호남 민심을 자극했다. 특히 '4자 필승론'이라는 선거 전략과 호남인들의 열망이 어우러진 선동형 스피치로 승부수를 던졌다. 영호남의 지역갈등이 극에 달했고 호남인의 한을 풀어주어야 할 상황이었기에 김대중 후보의 스피치는 감성적 선동으로 이어졌다.

"사랑하는 여러분! 내가 목숨보다 더 사랑하는 국민 여러분! 대한민국의 역사는 물론이고 세계의 역사에도 없는 대군중이 지금 여의도 양쪽은 물론이고 고수부지까지 꽉 메웠습니다. 여러분, 나는 여기서 선언합니다. 이번 선거는 오늘로써 김대중이가 승리했다, 김대중이가 승리한 것이 아니라 4,200만 민주주의를 원하는 국민이 승리했다!

여러분, 기뻐합시다. 이제 우리의 승리를 가로막을 자는 아무도 없습니다. 만일 이 승리를 막았다가는, 그런 자들의 운명은 제2의 이승만, 제2의 박정희의 운명을 당하고야 말 것이라고 나는 여러분에게 말합니다. 오늘 여러분이, 이렇게 지금 가장 고독하고 힘겨운 싸움을 하는 김대중이, 돈도 없고 권력도 없고 언론은 이 김대중이만 몰아붙이는 이 현실 이것을, 여러분이 방치하지 않고 이렇게 수백만의 인파가 나와서, 이렇게 격려해 주시니 나는 참으로 이 세상에서 가장 행복한 사람이라고 느낍니다."[25]

1987년 김대중 후보는 수많은 대중이 모인 연설에서 특히 빛났다. 톤은 높았고, 격정적인 표현으로 강한 억양이 그대로 드러났으며, 호흡도 한 호흡과 반 호흡을 적절하게 구사하며 대중을 쥐락펴락했다. 그의 스피치는 자기 확신에 찬 모습과 대중의 감정선을 타는 선동형 스피치였다.

김종필

김종필 후보는 과거의 국정 경험을 토대로 안정적 리더십을 발휘할 수 있는 후보가 바로 자신이라며 이성적으로 접근하는 설득형 스피치의 모습을 보였다. 김종필 후보는 2인자의 리더십을 보여준 대표적인 인물이다. 1인자 앞에서는 철저히 자세를 낮추고 확실한 논거를 통해 설득하는 습관이 몸에 배어 있었다. 그 덕에 박정희 대통령을 보필하며 심기를 건드리지 않을 수 있었지만 자신의 뜻은 제대로 펼치지 못했다. 김영삼이나 김대중과 비교해볼 때 상대적으로 유권자들과의 접점을 찾기 어려웠고, 감정적 각을 뚜렷하게 세워 정치를 하기보다 합리적 이성으로 설명하는 설득형의 모습을 유지했다.

13대 대통령선거
: 노태우=야당의 분열+호소형 스피치

13대 대통령선거는 임기 내내 권위주의로 일관한 전두환 대통령에 대한 반작용이 매우 강하게 드러나는 선거였다. 1987년 6월 민주항쟁의 영향으로 국민이 주인이라는 의식이 싹트는 가운데 이성보다는 감성적 접근을 선호하는 분위기가 조성되었다. 자신의 주장을 펼치기보다는 국민의 의견을 들어줄 수 있는 후보를 택하는 경향이 강했다고 볼 수 있다.

결국 노태우 후보는 6·29 선언을 통해 전두환과는 다른 시대를 열 수 있다는 인식을 심어주었고 연설에서도 겸손한 태도를 보이며 호소형 스피치로 국민에게 다가가 승리할 수 있었다. 호소형의 노태우 후보가 주장형의 김영삼 후보, 선동형의 김대중 후보, 설득형의 김종필 후보를 이긴 선거였다.

여당은 단일 후보였으나 야당은 다자 후보가 출마해 치열한 선거전을 펼쳤다. 노태우 후보가 승기를 잡은 데에는 '야당의 분열'이라는 필요조건과 전두환 대통령과는 차별화된 호소형 스피치라는 충분조건을 충족시켰다는 배경이 숨어 있다.

제14대
대통령선거

1992년 14대 대통령선거는 1990년 3당 통합으로 강한 여당인 민주자유당의 김영삼 후보와 야당으로 출마한 민주당의 김대중 후보, 그리고 통일국민당의 정주영 후보가 대립한 선거였다.

김영삼 후보와 김대중 후보는 30년 동안 정치를 함께해온 정치적 동지이자 라이벌로 14대 대선에서 마지막 승부를 펼치게 되었다.

김영삼

1992년 대통령선거에서 민주자유당의 김영삼 후보는 집권당 후보로서 현직에 있던 노태우 대통령과는 전혀 다른 리더십을 보여주었다. 그에게 1990년 1월 22일 발표한 3당 합당은 하나의 정치적 승부수였다. 3당 합당은 노태우의 민주정의당, 김영삼의 통일민주당, 김종필의 신민주공화당이 합당해 민주자유당이 된 것을 말한다.

1998년 13대 총선에서 통일민주당이 소수당으로 전락하자 새로운 정치적 판을 짜기 위해 김영삼 후보는 합당을 선택했다. 당시 그는 "호랑이 굴에 들어가야 호랑이를 잡는다"는 심정이었다고 토로했다. 김 후보는 민주자유당의 민주계로 자리 잡았지만 최대파인 민정계의 견제를 견디며 자신의 권력의지를 과감히 고수해 권력을 쟁취해갔다. 특히 3당 통합이 보수대연합으로 김영삼이 그동안 걸어온 민주화의 길과는 거리가 멀다는 비난이 쏟아지자 '구국의 결단'이라고 일축하며 위기를 돌파했다.

그는 위기가 찾아올 때마다 이슈를 선점하면서 저돌적으로 모습으로 문제를 해결하며 자신의 이미지를 더 극대화시키는 기회로 활용했다. 자신의 좌우명인 '대도무문(大道無門)'에서 드러나는 것처럼 과감한 결단력을 보여주었고 정치적 감이 뛰어나 직관적인 판단력 또한 돋보였다. 김영삼 후보는 반독재 투쟁 과정에서 보여줬던 적과 동지를 확실하게 구분하는 모습을 정치적 여정 내내 고수했다. 때문에 그의 스피치에는 피아를 구분하는 이분법적 화법이 드러난다.

13대 노태우 대통령이 호소형이었다면 14대 김영삼 대통령은 강한 카리스마를 기반으로 한 주장형 스피치를 유지했다. 노태우 대통령이 '물태우'의 유약한 이미지를 벗어나지 못한 가운데 김영삼 후보는 집권당 후보였지만 노태우 대통령과는 확실한 차별화를 시도하며 자신만의 주장을 관철시켜 나갔다.

김영삼 대통령은 자신의 결단을 '외롭고 고독한 결단'이라고 자평하며 정당성을 부여했다. 뿐만 아니라 강력하게 추진해나가겠다는 의지를 천명하기도 했다. 그는 대통령 취임사에서 "무슨 일이 있어도 한국병만은 내 손으로 고치겠다"는 강력한 메시지를 보내며 3대 당면 과제로 부정부패 척결, 경제 살리기, 국가 기강 바로잡기를 제시했다.

또한 '신한국창조'를 국정지표로 삼고 개혁을 추진했다. '신한국창조'는 김영삼 대통령 후보가 1992년 말 대통령선거를 앞두고 밝힌 하나의 정치적 수사로, 구체적인 이론이나 이념을 근거로 제시된 것은 아니었다.[26] "무슨 일이 있어도", "내 손으로", "한국병으로부터 우리를 구제", "신한국을 창조"와 같은 말에서도 알 수 있듯이 자기주장이 확연히 드러난다.

강한 자기 확신은 주장에 힘을 실어주었고, 그는 망설임 없이 공직자 재산공개, 금융실명제, 부정선거방지법, 하나회 해체 등과 같은 과감한 개혁 조치들을 추진해나갔다. 김영삼 대통령은 매우 쉬운 용어를 쓰고 단순 표현으로 힘 있는 주장을 펼치는 주장형 스피치를 구사했다.

예를 들면 "닭의 목을 비틀지라도 새벽이 온다는 것을 잊어서는 안 됩니다"는 1979년 신민당 총재에 당선된 후 남긴 말이다. 1985년 상도동 자택 앞에서는 "나를 감금하고 힘으로 막을 수는 있어도 내가 가려고 하는 민주주의의 길은, 내 양심은 전두환이 뺏지 못한다"고 발언했고, 1989년 3당 합당 후에는 "호랑이를 잡으려면 호랑이 굴로 들어가야 한다"

는 말을 남기기도 했다.

또한 김영삼 후보는 1993년 하나회를 척결하던 중 반발이 터져 나오자 "개가 짖어도 기차는 달릴 수밖에 없다"로 응대했으며, 1995년 11월 장쩌민 중국 국가주석과의 정상회담 후 공동 기자회견에서는 "일본의 이번 망언까지 더하면 건국 이래 서른 번은 한 것 같다. 그래서 일본의 버르장머리를 기어이 고쳐야 되겠다"고 발언했다.[27]

김영삼 후보는 전형적인 정면 돌파 형으로 정치 감각이 탁월해 상황을 읽는 직관력이 매우 뛰어나고 정치적 선택을 할 때는 과감한 결단력을 보여주었다. 정치는 '세'라는 인식하에 세를 형성해 힘의 정치를 구사하면서도, 중요한 결단을 내려야 하는 경우에는 때를 기다리며 인내하고 필요할 때는 누구와도 타협하는 현실주의적 정치가였다.[28] 기회가 오면 모든 것을 걸고 상황을 헤쳐 나가는 과감한 승부사 기질 또한 갖추고 있었다.

김대중

　김대중 후보는 설득형 스피치로 대중에게 다가갔다. 1987년 대통령선거에서는 선동형의 이미지였다면, 1992년 대선에서는 선동형 스피치는 자제하고 이성적 설득을 시도하려는 모습이 도드라졌다. 또 그는 '뉴 DJ 플랜'의 중도 개혁 노선을 통해 중도층을 끌어들이려는 노력을 기울였다. 설득형은 논리정연하면서도 유연하게 상대를 설득해 나가는 스타일이다.

　"지금 우리 경제는 앞으로는 선진국가에 의해서 가로막히고 뒤로는 후발 공업국들에 추월당하고 있습니다. 그리고 이러한 사태가 당장에는 개선될 전망도 보이지 않고 있습니다. 조금도 과장 없는 경제적 위기라고 하지 않을 수 없습니다."

　"우리 경제를 살리는 길은 많은 방법이 제시될 수 있지만, 저는 그중에서도 세 가지가 가장 중요하다고 믿습니다.

그것은 첫째로 민주적이고 일관성 있는 지도력, 둘째로 물가의 확고한 안정, 셋째는 국제경쟁력의 강화입니다."

"전근대적이고 비민주적인 주식 독점이나 소유자의 독점적 경영체제를 배제하기 위해서, 주식을 대중화하고 전문경영인에 의한 근대적 경영이 이루어질 수 있도록 세제와 금융 등의 수단을 통해 유도해야 합니다. 대기업과 중소기업 간의 수직적 주종관계를 타파하고, 수평적이고 대등한 협력을 이룩하기 위해서 가능한 모든 영향력을 발휘해야 합니다."

"앞으로 있을 대통령선거에서는, 누가 과연 확고한 경제철학을 갖고 민주적이고 일관성 있는 정책을 수립하여 오늘의 경제적 좌절을 극복하고, 21세기의 선진국 대열에 진입하기 위한 도약을 가져올 수 있는가를 놓고 국민의 결단이 이루어져야 할 것입니다."[29]

김대중 후보는 이전과 다르게 말의 톤은 낮아졌고 억양도 완화됐다. 하지만 좀 더 여유 있게 호흡 처리를 하며 대중에게 안정감을 줬고, 말의 속도는 경륜 있는 지도자의 노하우를 발휘해 완급조절을 했다. 설득형은 화자의 지식이 풍부해 하나의 질문을 하면 열 개를 답하는 유형으로 대중에게 충분하게 설명하는 특징을 갖고 있는데, 1992년의 김 후보는 설득형에 가까웠다.

정주영

정주영 후보는 어떤 특정한 스피치 유형으로 규정하기 어려운 인물이다. 혀가 짧고 발음이 정확하지 않다는 것이 정 후보의 특징이었다. 때문에 무슨 이야기를 하는지 알아듣기 힘들어서 대중들과 공감대를 형성하기가 어려울 수밖에 없었다. 정주영 후보 자신도 자신감이 결여된 모습을 보여 청중과 대중, 그리고 상대 후보에게 스피치의 기본이라고 할 수 있는 아이컨택트를 못하는 모습이었다.

14대 대통령선거

: 김영삼=여당 단일후보+주장형 스피치

1992년 14대 대통령선거는 강한 여당인 민주자유당의 김영삼 후보와 야당 소속인 민주당의 김대중 후보, 통일민주당의 정주영 후보가 대립한 선거였다. 정주영 후보가 여와 야의 표를 잠식했지만 야당이 분열한 상태에서 선거가 치러졌다. 김영삼 후보가 상대적 우위에 있었고 이는 선거의 승리로 이어졌다.

1992년 대통령선거가 다자 구도인 상태에서 여당의 김영삼 후보는 노태우 전 대통령과는 전혀 다른 이미지로 정치 전선에 나서게 된다. 노태우 전 대통령이 유약한 이미지로 자신을 표현하는 데 소극적이었다면, 위기 돌파에 강했던 김영삼 후보는 자신의 정치적 의사를 확실히 드러냈다.

즉 스피치로 보면 김영삼 후보는 주장형 스피치로 당시 현직에 있던 호소형의 노태우 대통령과는 전혀 다른 모습을 보였다. 김영삼 후보는 주장형 스피치를 통해, 설득형 스피치였던 김대중 후보와 이미지 확립에 실패한 정주영 후보를 누르고 당선을 확정지었다.

김영삼 후보가 대통령으로 당선된 것은 시사하는 바가 매우 크다. 대통령선거 과정에서 여러 불협화음이 있더라도 집권 여당이 분열하지 않고 단일 후보를 선출한다는 필요조건과, 현직 대통령과 차별화된 이미지를 갖는 충분조건이 성립한다면 승리할 수 있다는 것을 보여주었다. 김영삼 대통령의 당선은 여당이 재집권하기 위해서는 무엇이 필요한지 극명하게 보여주는 사례라고 할 수 있다.

제15대
대통령선거

제15대 대통령선거에서는 대권에 4번째 도전하는 새정치
국민회의의 김대중 후보와 당시 집권당이었던 한나라당 후
보인 이회창 후보, 한나라당에서 분열돼 나온 국민신당의 이
인제 후보 간의 대결의 장이 펼쳐졌다.

김대중

여러 번 대선에서 실패한 후 정계 은퇴까지 했다가 다시

복귀한 후 이번이 마지막이라는 간절함이 엿보였다. 그때까지 김대중 후보는 4번의 대통령선거를 치르면서 진화된 이미지를 연출한다.

1971년과 1987년 대통령선거에서 김 후보가 선동형 스피치를 고수해왔다면 1992년 대통령선거에서는 중도층을 끌어들이기 위한 전략으로 논리적 무장을 기반으로 설득형 스피치를 선보였다. 1997년 대통령선거에서 김대중 후보는 경제위기를 해결할 수 있다는 내용을 핵심으로 한 설득형 스피치에 더해, "존경하고 사랑하는 국민 여러분"이라는 수식어를 통해 겸허한 자세로 정치를 하겠다는 호소형의 화법을 곁들였다.

김대중 후보는 DJP연합을 통해 보수의 대표적인 이미지를 상징하는 김종필과 손을 잡아 기존의 급진적이며 선동적인 이미지를 불식시키는 큰 효과를 거두게 된다. 또한 '준비된 대통령'으로서 IMF 외환위기를 극복할 수 있는 인물은 바로 자신이라고 선언하며 결국 국민을 설득하는 데 성공하게 된다.

이처럼 그는 경제위기를 타개할 수 있는 설득형과 국민의 어려움을 어루만질 수 있는 호소형으로 점차 변화해 갔다. 준비된 대통령이라는 슬로건 아래 경제를 살릴 적임자를 자처하며 표심에 호소한 결과 국민의 마음을 사로잡았다. 김대중 후보는 수많은 개인적 불행과 정치적 역경을 극복하며 단련된 리더십을 보여주었다. 그리고 숱한 핍박과 박해 속에서도 결국 살아남아 최초로 수평적 정권교체를 이루게 된다.

김 후보에게는 '상상할 수 없는 시련을 겪은 사람'이라는 이미지가 자연스럽게 따라다닌다. 그만큼 생사를 넘나드는 위기의 순간이 많았지만, 대중에게는 위기를 피하기보다 극복하는 이미지를 강하게 남겼다.[30] '짓밟아도 굴하지 않고 일어서는' 인동초의 이미지는 국민의 심금을 울렸고 국민에게 호소력 있게 다가갈 수 있었다. 또 김대중 후보는 70대의 고령이라는 점이 핸디캡이 되지 않도록 젊게 보일 수 있게 최대한 노력을 기울였다. TV 토론에서는 정장을 입었지만 토크쇼에서는 노타이 차림으로 편안하고 부드러운 이미지를 연출한 것이 그 예시다.[31]

김대중 후보의 스피치 특징은 일단 톤이 낮고 말의 속도가 빠르지 않으면서 차분하게 설명하는 유형이라는 것이다.

경제 통계 수치를 나열하며 논거를 제시하는 모습은 상대를 설득하는 가장 유효한 기제로써 김대중 후보가 자주 사용했던 방식이다. 논리적 근거를 제시하며 이끌어가는 화법이 설득형 스피치의 가장 좋은 예시인데, 역대 여러 대통령 후보 중 김대중 후보의 스피치를 손꼽을 수 있다.

그런 한편 호소형 스피치의 특징이 극명하게 드러나는 지점도 있는데, '존경하고 사랑하는 국민 여러분'에서 이 문장을 한 호흡으로 처리하면서도 '존경하고'에서 반 호흡 쉬고 '사랑하는'에서 또 반 호흡 처리한다. 호소형은 이렇게 호흡이 일정하면서 대중과 같이 숨 쉬려 하고, 억양에 있어서도 어미를 올리지 않고 단어 하나하나에 힘을 주지 않는 특징이 있다. 결론적으로 김대중 후보의 스피치는 '설득형＋호소형'의 융합형 스피치였다.

이 선거로 김 후보는 기존의 호남·진보·소수파의 이미지에서 완전히 벗어났다. 스피치를 보더라도 눈에 띄게 진화한 것을 알 수 있다. 이전에는 선동형의 불안한 느낌이 있었다면, 역대 대선을 거치며 자신의 약점을 보완하여 준비된 통치자라는 이미지로 대중에게 새롭게 각인되었다. 사안 사안

을 차분히 설명하는 설득형 화법을 통해 국민의 신뢰를 얻었
고, 겸손하고 낮은 자세로 그릇이 큰 인물이라는 안정감 있
는 이미지도 갖게 됐다.

1997년 김대중 후보의 스피치는 호소형 스피치가 우위
를 보이는 가운데 설득형이 함께 어우러진 복합체라고 할
수 있다.

이회창

이회창 후보의 스피치는 주장형 스피치라고 할 수 있다.
법관 출신으로 논리가 정연한 면이 자칫 설득형으로 보일 수
있지만 유연하지 못하고 상대의 공격이 들어오면 표정이 바
뀌는 등 자신의 주장을 고집하는 경향이 뚜렷한 주장형이다.

이회창 후보는 법관으로서 규칙을 지키는 과정을 거치며
이른바 '틀'이 만들어졌다. 이 후보는 모든 일에 있어 자신이
정한 틀에서 벗어나지 않는 유형이다. 또한 자신이 가지고
있는 원칙을 정치적 승부욕과 결합해 정치적 동력으로 승화

시켰다. 반면 다음 인용 글에서 그만이 가진 한계를 엿볼 수 있다.

"그는 어떤 일이든 자신의 틀에서 조금이라도 벗어나면 당황한다. 매사에 완벽을 기해야 한다는 생각에 혹시 실수라도 할까 두렵기 때문이다……. 그의 치밀한 완벽주의는 정도가 지나쳐 그에게 생동감과 개인적 체취를 다 빼앗아가고 있는 것이다."[32]

이러한 완벽주의는 사람들로부터 독선적이고 독단적이라는 말을 듣게 되는 원인이 되었다. 그의 스피치에는 '자신은 늘 옳다'라는 의식이 묻어났고, 그것은 확신에 찬 언어로 표출되었다. 강하고 보수적인 이미지를 만들기 위해 의상에도 신경을 많이 썼다. 붉은색 계통의 넥타이를 맸으며 양복은 어둡고 짙은 색을 선호했다.

이회창 후보는 이른바 '대쪽' 이미지로 높은 도덕성을 갖췄다는 인식이 강점이었다. 하지만 아들의 병역 비리가 불거지면서 대쪽 이미지는 오히려 약점으로 작용했다.

"입소하면서 신체검사를 했는데, 179cm에 45kg가 나왔습니다. 그래서 얘도 4, 5일간인가 군 병원에 입원을 해서 정밀 검사를 받았다고 그럽니다. 그 후에 5급 판정을 받고 돌아왔습니다."[33]

"신한국당 이회창 대표는 내일 기자 간담회에서 두 아들은 특수 체질로 체중을 고의적으로 감량하지 않았으며, 적법한 면제 판정을 받았다고 다시 한 번 해명할 예정입니다. 이 대표는 그러나 결과적으로 두 아들을 부실하게 키워 신성한 국방의 의무를 수행하지 못한 것은 유감이며 특히, 자제를 군에 보낸 부모들에게 송구스럽다고 유감의 뜻을 표명할 것으로 알려졌습니다."[34]

"무슨 변명을 하고 무슨 해명을 할 수 있겠습니까. 할 수만 있다면 제 아들들도 군에 가서 다른 자식들과 같이 뒹굴어주기를 아버지로서 바랐다는 것이 솔직한 심정이었습니다."[35]

이런 상황에 이르자 이회창 후보의 깨끗하고 신뢰감을 주는 이미지는 오히려 독이 되었다. 아들의 병역 비리를 방어하며 펼친 일련의 주장들이 부메랑으로 돌아와 그의 대선 가도를 가로막는 최대 장애요인이 된 것이다. 국민을 설득할 수 없는 주장들을 내놓는 것이 얼마나 위험한지를 보여주는 극명한 사례다.

이 후보의 스피치는 자기중심적이면서 이성적 접근을 시도하는 주장형 스피치다. 발음이 정확하고 톤은 안정적이며, 억양은 어미 처리가 강하지 않지만 칼같이 매듭을 짓는 스타일이었다. 이는 강렬한 인상을 주는 한편 대중에게는 차갑게 받아들여졌다. 호흡 처리는 대중과 감정으로 교류하며 하기보다 자기를 중심에 두고 호흡하기 때문에 상대적으로 짧게 느껴진다.

이인제

이인제 후보는 군소후보로서 박정희 대통령의 이미지를 이어받고자 주장형 스피치를 했다. 한나라당을 탈당한 후 이회창 후보와 대립각을 세우며 자신의 주장을 확실히 펼쳐나 갔다. 이인제 후보의 스피치는 중후한 저음으로 전개해가는 정연한 논리와 강조할 부분을 확실히 강조한다는 특징이 있었다. 세대 교체론을 내세우기도 한 그는 미국의 클린턴 대통령과 영국의 토니 블레어 총리를 언급하며 젊은 리더십을 어필했다. 행동에 있어서도 무엇이든 자신 있는 표정과 당당한 자세로 임해 야무지다는 인식을 심어주었다. 특히 박정희와 닮았다는 점을 강조하며 강한 지도자라는 이미지를 부각시켰다.

15대 대통령선거
: 김대중=강자분열·약자연합+설득·호소형 스피치

1997년 15대 대통령선거는 강자 분열·약자 연합의 선거였다. 여당의 강자가 분열한 상태에서 야당의 후보가 연합하면 승리할 수 있다는 가능성을 증명해 보인 것이다. 당시 집권 여당인 신한국당은 이인제 후보가 경선에 불복하고 탈당하면서 한나라당의 이회창 후보와 국민신당의 이인제 후보로 분열하게 된다. 같은 뿌리였지만 경선 과정에서 이인제 후보가 탈당해 여당이 분열된 것이다.

반면 야당은 새정치국민회의의 김대중 후보와 자유민주연합의 김종필 후보가 DJP연합을 통해 새정치국민회의의 김대중 후보를 단일 후보로 내세웠고, 결국 정권교체를 이룰 수 있었다. 그렇게 15대 대선은 다자 구도에서 여당이 분열하고 야당이 연합한 상황에서 야당의 단일 후보가 승리한 선거로 남게 되었다.

스피치를 기준으로 정리하면 집권당이었던 신한국당의 김영삼 대통령과 이회창 후보는 비슷한 주장형 스피치를 구사했다. 1997년 대선은 IMF 경제위기라는 대격변 속에 치러졌고 김영삼 대통령의 국정 운영에 대해서는 실패했다는 평가가 지배적이었다. 이런 상황에서 집권당의 이회창 후보는 주장형 스피치를 구사해 결과적으로 김 대통령과 차별화하는 데 실패했다. 이인제 후보 역시 주장형 스피치였다.

1997년 IMF라는 국가 위기 상황에서 대통령 후보들은 국민의 마음을 헤아리고 위기를 극복할 수 있다는 희망을 심어

줄 수 있는 설득력을 갖고서, 국민에게 호소하는 마인드로 다가서야 했다. 때문에 김대중 후보가 현안 하나하나를 설득력 있게 설명하면서도 낮은 자세로 호소하는 모습은 그의 슬로건대로 '준비된 대통령'이라는 이미지를 갖게 하기에 충분했다. 또 김 후보의 설득형＋호소형 스피치는 김영삼 대통령의 주장형 스피치와 확실히 차별화되는 효과를 주었다.

1997년 대통령선거가 주는 가장 큰 시사점은 최초의 정권교체가 이뤄졌다는 점이다. 정권교체가 이뤄질 수 있었던 것은 집권 여당이 분열했으며 야당은 연합을 통해 단일 후보라는 필요조건을 갖추었다는 것, 그리고 국민이 김영삼 대통령에 대한 실망감으로 또 다른 이미지를 갖춘 지도자를 원했다는 점이다.

그런 한편 김영삼 대통령이 IMF라는 국가 위기를 초래한 장본인이었기에 국민들이 그의 주장형 스피치와는 다른, 새로운 스피치 유형을 원했던 것은 충분조건이라고 할 수 있다. 이런 점들이 맞물려 김대중 후보는 김영삼, 이회창, 이인제 후보의 주장형 스피치와 다른 설득형＋호소형 스피치로 대통령에 당선될 수 있었다.

제16대
대통령선거

2002년에 치러진 제16대 대통령선거는 역대 대통령선거 중에 가장 치열하게 전개됐고 월드컵의 열기만큼 대선도 매우 뜨거웠다. 한나라당의 이회창 후보는 유력 대권 후보로서 대세를 차지하고 있었고 사실상 대통령 당선이 기정사실화되는 분위기였다. 그러나 새천년민주당의 노무현 후보가 노사모 열풍을 일으키며 열세를 극복하고 극적인 역전승으로 대통령에 당선됐다.

노무현

노무현 후보는 집권당 후보였지만 김대중 대통령과는 전혀 다른 모습으로 대통령선거에 나섰다. 그는 끓어오르는 감정을 폭발시키는 선동형 스피치로 본격적인 대선 무대에 오르게 된다. 2002년 새천년민주당 대통령 후보 경선에서 노무현 후보는 장인의 좌익운동 경력으로 다방면에서 공격받고 있었다. 그리고 노무현 후보는 다음과 같은 연설을 한다.

"제 장인은 좌익 활동을 하다 돌아가셨습니다. 이런 아내는 제가 버려야 합니까? 그렇게 하면 대통령 자격이 있고 이 아내를 그대로 사랑하면 대통령 자격이 없다는 것입니까? 여러분! 이 자리에서 여러분께서 심판해 주십시오."

장인의 좌익 활동이라는 이념적 공격에 아내를 버리라는 것이냐는 물음으로 맞선 그는 인간의 가장 근본적 감정을 자극하고 선동하는 연설로 위기를 극복한다.

노 대통령이 당선 후 재임 중이었던 2006년 12월 21일, 민주평통 제50차 상임위원회에서 했던 전시작전통제권 관련 연설 또한 대표적인 선동형 스피치다.

> "대한민국 군대들 지금까지 뭐 했노, 이기(에요)
> 나도 군대 갔다 왔고, 예비군 훈련까지 다 받았는데, 심심하면 사람한테 세금 내라 하고, 불러다가 뺑뺑이 돌리고 훈련시키고 했는데, 거 위에 사람들은 뭐 했어! 작전통제권 자기들 나라 자기 군대 작전통제도 한 개 제대로 할 수 없는 군대를 맨들어 봐 놓고 "나 국방장관이오!" "나 참모총장이오!" 그렇게 별들 달고 끄드럭(거드럭)거리고 말았다는 얘깁니까? 그래서 작통권 회수하면 안 된다고 줄줄이 모여가 가지고 성명 내고. 자기들이 직무 유기 아입니까?
> 부끄러운 줄 알아야지!"

노 대통령은 '전시작통권을 환수하지 못하면서 군 장성이라고 자처할 수 있는가? 정말 수치스러운 일'이라고 일갈했다. '부끄러운 줄 알아야지!'라는 이 한 문장만으로도 선동형 스피치로서 대중의 감정선을 건드리고 있다는 것을 알 수 있다. 또한 노무현 스피치의 가장 큰 특징 중 하나가 어미 처리다. '~입니까?', '있지 않겠습니까?', '문제 아니겠습니까?', '할 말이 있어요?' 등 청중의 동의를 얻고 확인하며, 긍정이든 부정이든 신호를 주면서 던지는 화법을 활용하고 있다.

선동형 스피치의 가장 큰 특징은 정적을 확실히 나누고 배제시킨다는 점이다. 개혁 진보 세력 대(對) 수구 반동 세력 또는 가진 자와 못 가진 자 등으로 적과 동지, 즉 우적을 확실히 구분한다. 조선일보와 대립각을 세웠던 것처럼 주류를 타파하려는 시도가 그의 스피치에는 녹아들어 있다. 지역주의 타파를 위해 낙선을 할지라도 선거에 나가는 '바보 노무현'은 그의 상징적 이미지가 됐다. 특히 '눈물'은 하나의 비언어적 메시지가 얼마나 선동적일 수 있는지를 말해주는 사례다. 그의 눈물은 유권자의 심금을 울리고 감정적 파동을 일으켰다.

노 대통령은 어떤 말을 할 때 돌려 얘기하지 않고 확실히 자기표현을 하는 직설화법을 선보였다. 스피치는 초등학

교 6학년 수준이 알아들을 정도로 복잡하지 않고 간명해야 한다는 말이 있는 것처럼, 노 대통령의 말은 일반 시민들이 지위와 지식과 상관없이 알기 쉽고 명쾌하게 전달하는 특유의 화법을 구사했다. 어려운 말 안 쓰고 쉽게 전달한다는 것이 말은 쉽지만 현실에 적용한다는 것은 말처럼 쉬운 일은 아니다.

특히 노 대통령은 소위 '조중동'이라는 주류 언론들과 현안에 대해 논쟁하며 대립각을 세웠다. 직설적인 표현으로 거칠게 언론을 몰아붙였고, 가감 없이 언론의 잘못된 점을 지적했다. 이러한 직설적 표현은 지지층을 결집시키고 대중들에게는 자연스럽고 속 시원하게 전달된다는 장점이 있었다.

그러나 노 대통령의 직설화법이 긍정적인 효과만을 낳은 것은 아니다. "대통령에게 모두 각자의 요구만 들어달라고 요구한다. 이런 식으로는 대통령을 못할지도 모르겠다는 위기감이 든다"는 말이 그랬듯 대통령직 수행이 정말 어렵다고 말하는 직설화법이 오히려 '대통령 못해먹겠다'와 같이 받아들여져 막말을 하고 말실수를 하는 사람이라는 프레임에 갇히는 역효과를 낳았다.

노무현 대통령은 2003년 5·18 기념식에 한총련의 저지로 참석하지 못했고. 정제되지 않은 발언은 늘 여론의 따가운 시선을 받았다. 집권 초부터 임기 말까지 말이 문제가 됐다. "그 말 때문에"라는 수식어가 붙을 정도로 말실수가 잦아 지지율을 깎아먹는 악재로 작용했다. 반복된 말실수는 믿었던 감정을 미움의 감정으로 변화시킨다. 말실수가 계속되면서 지지를 철회하게 되고 그 사람에 대해 포기하는 마음이 작동하게 되는 것이다.

노무현 대통령의 리더십은 탈권위적 리더십으로 다음 글과 같이 요약할 수 있다. "사실 그의 리더십은 속이거나 감추는 것 없이 벌거벗은 알몸에서 나왔다. 권위의 가면을 벗고 막말까지 하며 자신의 속물 본성을 숨김없이 드러내는 촌사람의 취향이 노무현 리더십의 실체라는 평가를 하게 된다."[36]

또한 노무현 대통령은 스스로 자신의 리더십에 대해 대중이 어떻게 바라보고 있는지 솔직하게 토로한다.

"지금까지 정치적 모험과 도전을 여러 차례 감행했다. 이는 정도 정치를 위한 헌신과 희생이라고 생각했는데 타인이 보기엔 아슬아슬하고 위험한 일을 하는 사람, 신중하지 못하고 안정감 없는 사람으로 비쳤을 것이다."[37]

노무현 대통령은 먼저 이슈를 제기하면서 유리한 고지를 선점하게 된다. 국민들이 관심을 갖고 있는 이슈를 제기하고 이슈를 선악의 구도, '옳은 것인가? 나쁜 것인가?' 또는 '선택할 것인가, 말 것인가?'로 단순화시킨다. 또 이분법적으로 접근하면서 논쟁을 자신에게 유리하게 이끌고, 국민들을 자기편으로 끌어들이면서 자신의 이미지를 확실히 국민에게 각인시키려 한다.

그의 스피치 특징은 톤은 높은 편이고 말의 속도를 완급 조절하면서 호흡을 통해 대중들의 마음을 파고든다. 긴 호흡으로 자신의 얘기를 이어가며 대중을 한쪽으로 몰아가기도 하고, 짧은 호흡으로 문장을 처리하며 빨리 대중의 심장박동 수를 높일 수 있다. 또한 억양에 있어 특이한 점은 끝 어미를 올리며 질문을 던진다는 것이다. 이는 자신의 주장을 확신하며 듣는 청중에게 다시 한 번 확인하는 화법을 자주 사용한다는 의미로 해석할 수 있다.

이회창

　이회창 후보는 여전히 시대의 변화에 적응하지 못하는 모습으로 비쳤다. 한귀영은 2002년 대선을 "정치개혁과 탈권위주의를 향한 열망이 지배한 '정치선거'의 성격이 강했다."고 분석하고 있다.[38] 하지만 2002년 시대의 흐름을 이회창 후보는 결국 따라가지 못했다.

　그는 여전히 권위적인 모습으로 자신의 생각을 일방적으로 주장하는 스피커였다. 연고주의를 고수하는 등 변화보다는 보수의 이미지가 강했다. 게다가 이회창 후보는 여전히 낡은 이념적 대결구도에 집착하는 모습이었다.

　"지금 급진 세력이 좌파적인 정권을 연장하려 하고 있습니다. 음모와 술수로 상황에 따라 말을 바꾸는 무원칙한 작태가 횡행하고 있습니다. 청산되어야 할 구태정치가 여전히 우리의 앞길을 막고 있습니다. (중략) 저는 자유민주주의를 굳건히 수호할 것입니다. 국민에게 권력을 되돌려 드리겠습니다. 검찰, 국세청, 국가정보원이 더욱더 국민에게 봉사하고 헌신하도록 제가 앞장서 만들겠습니다.”[39]

　이회창 후보는 법관의 삶으로서의 깨끗한 정치, 청렴한 공직사회를 구현할 수 있을 것이라는 국민의 희망을 상징하는 인물이 되기도 했다. 그러나 아들의 병역면제 논란과 손녀의 원정 출산 시비, 호화 빌라 파문은 그의 지지도를 잠식하는 결과로 이어졌다. 오히려 여당 후보인 노무현 후보가 야당인 이회창 후보보다 과거를 청산하고 변화를 이끌어 낼 적임자라는 기대를 모았다. 결국 이회창 후보는 시대적 흐름을 읽지 못하고 대선에 패한다.

　이회창 후보의 스피치는 비언어적 측면에서 볼 때 대쪽 판사의 이미지가 여전히 강해, 나의 얘기를 들어주기보다는 결정하고 결단을 내리는 모습으로 대중에게 각인돼 있었다. 이회창 후보는 이성적으로 논리적 근거가 뒷받침된 대화를 하지만 자기중심적으로 말하고 표현하고 있다고 대중이 느끼는 것이다. 1997년 대선 후보의 모습처럼 5년이 지난 2002년 대선에서도 톤은 안정되고 억양도 흔들림이 없었지만, 대중과의 호흡은 짧았으며 말의 속도 역시 변함없었다. 주장형 스피치의 연속이었다.

16대 대통령선거
: 노무현=후보 단일화+선동형 스피치

정권이 재창출됐다는 점이 2002년 대선의 가장 큰 특징이다. 즉 김대중 대통령과 노무현 후보의 당선으로 이어지는 재집권에 성공했다는 것이다.

이렇게 권력승계가 가능했던 요인은 첫째로 여당이 분열하지 않고 단일화했다는 것이었다. 2002년 16대 대통령선거에서 노무현—정몽준 단일화는 대선의 판을 흔드는 카드였다. 여당인 새천년민주당의 노 후보는 경선 과정을 거치고 정몽준과의 단일화를 이뤄 여당의 단일 후보가 됐다. 후보 단일화가 대선 바로 하루 전에 깨졌다고 하지만 그 효과는 매우 컸다. 노무현 후보와 한나라당의 이회창 후보의 양자구도였지만 여당이 분열하지 않고 단일화를 이뤄 강력한 야당 후보를 견제하고 결국 승리를 거머쥐었다.

두 번째 재집권의 성공 요인 또한 스피치를 통해 알 수 있다. 김대중 대통령의 설득형+호소형의 스피치와는 전혀 다른 이미지의 선동형 스피치의 노무현 후보가 등장했다는 점이다. 여당의 후보였지만 노무현 후보는 신선하면서도 진한 감정선을 유지하며 가슴을 울릴 수 있는 그동안 보지 못했던 전혀 다른 선동형 스피치로 대중에게 다가갔다. 노무현 후보는 김대중 대통령과 차별화된 여당의 후보였고 새로운 신상품 효과를 얻었다.

여기서 읽을 수 있는 하나의 포인트는 재집권에 성공하기 위해 미래의 대통령은 현재의 대통령과 차별화된 스피치를 구사해야 한다는 것이다. 1997년의 이회창과 2002년의 이회창은 같은 이미지로 변화되지 않은 모습이었지만 2002년에는 대중과 정치인이 쌍방향으로 소통할 수 있는 스피치를 원하는 대중의 욕구가 강해진 상태였다. 하지만 이회창 후보는 여전히 자신의 주장만을 펼치는 일방형이었다. 그렇게 패배로 가는 길을 걸었던 것이다.

제17대
대통령선거

2007년의 대통령선거는 역대 대선을 통틀어 여야 후보의 표 차이가 가장 크게 났던 선거였다. 한나라당의 이명박 후보가 대통합민주신당의 정동영 후보에게 약 530만 표로 앞서며 압도적인 승리를 거두었다.

제15대 대통령선거에서 김대중 후보와 이회창 후보와의 표 차이는 약 39만 표, 제16대 대통령선거에서 노무현 후보와 이회창 후보와의 표 차이는 57만 표였다. 이렇게 보면 제17대 대통령선거는 전 선거와 비교해 볼 때 어떤 분위기였는지 어렵지 않게 유추할 수 있다.

이명박

2007년 대선은 '누구나 부자가 될 수 있다'는 욕망을 자극하며 이명박 후보가 등장한다. 어떻게 하면 부자가 될 수 있는지, 그 부자 신화를 만들었던 장본인으로서 유권자들에게 설득형 스피치로 다가간다. 이명박 후보는 노무현 대통령의 실정으로 반사이익을 톡톡히 누렸고 경제를 살릴 수 있다는 선거 전략은 고스란히 유권자에게 스며들었다.

이명박 후보는 자신이 사원에서 시작해 현대건설 사장과 서울시장까지 역임한 '샐러리맨의 신화'를 만든 것처럼 나라 경제도 살릴 수 있다며 유권자를 설득해 나갔다. 그에 대한 지지는 경제를 살릴 수 있다는 유권자의 합리적 기대가 반영된 것이다. 2007년 제17대 대통령선거에서 '실천하는 경제 대통령'이라는 슬로건을 내세우며 '작은 정부, 큰 시장'이라는 '경제살리기'의 기치를 내걸었다.

"끼니를 잇기도 힘들었던 가난한 청년이 대기업의 CEO와 서울 시장을 거쳐 오늘 나라를 이끄는 자리에 나설 수 있게 한 나라가 바로 대한민국입니다. 하지만 지난 10년 우리는 발전의 위기를 겪고 있습니다. 낙관의 역사가 비관의 역사로 바뀌고 있습니다.

'잃어버린 10년'을 넘어 대한민국은 새롭게 도약해야 합니다. 경제 성장 7퍼센트, 소득 4만 불, 세계 7대 강국-대한민국 747을 실현해야 합니다. 한반도 대운하와 국제과학비즈니스도시 등을 설립해 국운을 융성시킬 창조적 프로젝트도 성공시켜야 합니다.

대한민국 경제가 튼튼해야 남북관계도 제대로 풀 수 있습니다. 북핵 문제를 해결하고 신한반도 시대를 열겠습니다. 실용적이면서도 보편적 가치에 충실한 외교로 나라의 위상을 높이겠습니다.

무엇보다 국민이 잘사는 나라가 우리의 꿈입니다. 국민이 잘사는 나라는 중산층이 두터운 나라입니다. 중산층의 나라를 만들겠습니다. 기회의 나라를 다시 만들겠습니다."[40]

이명박 후보는 일과 업적을 중심으로 강한 추진력으로 경제를 살리겠다고 유권자를 설득했다. 효율과 생산성을 강조하고 일로서 승부하겠다는 그의 스피치는 노무현 정부가 'NATO(No Action Talk) 정부', 즉 일은 하지 않고 말만 앞선다는 강한 비판에 직면해 있었기 때문에 더욱 설득력을 얻었던 것이다.

"말이 아니라 실천으로 보여주는 대통령이 되고자 합니다. 저는 늘 일하는 사람이었고, 그래서 일하는 법을 압니다. 저는 국가 최고 권력자가 아니라 국가 최고 경영자가 되고자 합니다. 말 잘하는 대통령이 아니라 일 잘하는 대통령이 되길 소망합니다."[41]

이명박 후보의 가장 큰 특징은 어떤 일을 할 때 자기 페이스로 밀고 나가는 경향이 매우 강하다는 것이다. 2003년 7월 1일 청계천 복원공사를 연기하는 게 불가피하다는 여론이 매우 거셌을 때도 "난 착공식을 마칠 때까지 휴가를 안 가겠다"고 말하며 청계고가 철거 문제에 집중하며 밀어붙었다. 쉬지 않고 일에 매진하는 모습과 직접 이해당사자를 만나 해결하는 모습은 현장 중심의 설득형이다.

이 후보의 스피치는 톤이 일정하며 감정이 실리지 않고 무미건조한 스타일이었다. 속도는 느리고 말에 큰 힘을 주지 않으며 억양도 강하지 않다는 것 또한 이명박 스피치의 특징이다. 한마디로 설득형 스피치였다. 이명박 후보의 설득형 스피치는 노무현 대통령의 선동형 스피치와 대조를 이루며 야당의 후보로서 차별화에 성공했다.

정동영

정동영 후보는 앵커 출신으로 외모가 준수하고 언변이 매우 뛰어났다. 대중적 인지도가 높은 데다 특히 대중 앞에서 적절한 쇼맨십을 보이며 연설하는 능력은 정동영 후보만이 지닌 경쟁력이었다. 하지만 지나치게 스타일과 이미지에 집착한다는 지적도 받았다.[42]

그는 '개혁의 이미지', '참신한 정치', '신선한 정치'로 승부하겠다며 세대교체를 주장하고 나섰다. 이런 정동영 후보 스피치의 가장 큰 특징은 주어를 강조한다는 점이다.

'정동영이', '정동영이가', '정동영은' 등으로 문장을 시작하는 경우가 많은데, 주어를 강조하는 것은 자신의 중심에서 세상을 보겠다는 점이 의식하지 않은 가운데 드러나는 것이다. 주어, 즉 정동영이라는 중심에서 출발해 자신의 주장을 펼치는 것이다.

> "2025년까지 한국인을 달나라에 올려놓는 <2025 드림스페이스(Dreamspace) 프로젝트>를 통해 항공우주산업의 비약적 발전과 함께 대한민국을 과학기술 사회로 이끌어야 합니다. 달나라 시대를 여는 것은 단순한 꿈이 아닙니다. 그것은 우리의 미래입니다. 이 비전을 저, 정동영이가 만들어내겠습니다.
> 한국 사회는 이제 새로운 꿈과 비전을 중심으로 미래를 향한 전진을 힘차게 시작해야 할 때입니다. 저 정동영이가 앞장서겠습니다."[43]

주장형의 특징은 우회적 표현이 아닌 직설화법을 사용한다는 것이다. 정동영 후보가 감정을 표출할 때는 선동형 스피치의 느낌도 강하게 묻어난다. 선동형 스피치는 대중과 감정적으로 교류하기 때문에 자칫 말실수로 이어질 수 있는 가능성을 늘 내포한다.

정동영 후보는 17대 총선 당시 젊은 층의 투표 참여를 이끌기 위해 "60~70대는 투표를 안 해도 괜찮으니 집에서 쉬셔도 된다"는 발언을 해 열린우리당의 위기를 초래했다. 그 후 노인 폄하 발언은 정동영의 꼬리표가 돼 늘 그를 따라다녔다.

노무현 대통령도 구사한 바 있는 선동형 스피치는 말실수를 하기 쉽다는 위험이 내재돼 있다. 그와 비슷하게 선동형과 주장형이 교차하는 스피치를 구사한 정동영 후보도 여러 가지 말실수를 했다. 노 대통령의 국정 운영에 대한 평가가 좋지 않은 상황에서 여당 후보였던 정동영은 결국 전임 대통령과 자신을 차별화하지 못했다.

문국현

문국현 후보는 유한킴벌리 사장으로, 정치권 밖에 있었던 인물이다. 정치권 밖에 있었던 제3의 인물로서 기업인이 대통령 후보로 부각된 것은 한국 정치에서 매우 이례적인 현상이었다. 문 후보는 창조한국당을 창당하고 독자적인 행보를 걸었다.

또 재벌과 건설 중심의 가짜 경제와 중소기업과 사람 중심의 진짜 경제의 대결이라며 한나라당의 이명박 후보와 대립각을 세우기도 했다. 때문에 이명박 후보에 대항할 만한 맞춤형 후보라는 기대도 있었다. 하지만 지지도가 워낙 낮았고 정치적 기반 또한 없어서 한계가 분명히 드러났다.

문국현 후보는 스피치 유형으로 볼 때 전형적인 설득형 스피치에 해당한다. 대화를 통해 자신의 견해를 풀어가면서 낮고 일정한 톤을 유지하는 한편, 단어 하나하나에 특별한 강조를 두지 않았다. 억양은 서울 억양이며 말의 속도는 빠르지도 느리지도 않은 편이었다. 하지만 그는 결국 정치적 경험과 훈련이 뒷받침되지 않은 설득형 스피치는 스스로 에너지를 만들 수 없으며, 설득의 힘을 상실하게 된다는 사실을 보여주었다. 쏟아지는 언론의 질문과 정치권의 검증 공세에 자신의 표현을 확실하게 전달하지 못했다.

정치인이 자신의 권력의지를 표현하는 방식은 크게 볼 때 두 가지다. 그중 하나가 대담과 토론이고, 또 하나는 대중연설이나 TV 연설이라고 할 수 있다. 문국현 후보는 앵커와의 1:1 대담에서는 자신이 알고 있는 내용을 잘 풀어가며 대화를 잘 이끌어가는 모습이었으나, 대선 후보들과의 토론에서는 토론을 주도하지 못하고 흔들리는 모습을 드러냈다.

문 후보의 경우, TV 토론에서 에너지를 충분히 표출하지 못하는 아쉬움이 컸다. 정치 경험이 풍부하지 못하고 정치적으로 훈련되지 않은 후보가 겪는 과정이었다. 2017년 대선에서 안철수 후보도 이와 비슷한 모습을 보였다. TV 연설에서도 그의 스피치는 확실한 색깔을 보여주지 못했다.

17대 대통령선거
: 이명박=야당 단일후보·여당분열+설득형 스피치

17대 대통령선거는 여당에 대한 실망이 '정권심판론'으로 이어져 이미 야당이 우위에 있는 상황이었다. 더욱이 한나라당의 이명박 후보는 경선 과정에서 박근혜 후보가 깨끗하게 승복함으로써 야당 내 연합을 이루고 절대 강자가 되었다.

이처럼 강한 야당이 연합했지만 약한 여당은 오히려 분열했다. 통합민주신당의 정동영 후보는 창조한국당의 문국현 후보와 통합에 실패한 상태로 선거를 치러 절대 약자로 전락했다. 17대 대선은 다자 구도에서 야당이 연합하고 여당은 분열해 패배한 뚜렷한 사례다.

스피치 유형을 통해 2002년과 2007년을 비교해 보면 2002년의 대선은 노무현 대통령이 선동형 스피치로 대중을 사로잡았고, 문성근, 명계남 같은 선동형 스타가 즐비한 상황이었다. 하지만 2007년에는 노무현 정부의 실정으로 반감이 높은 상황이었으므로 선동형 스피치가 아닌 설득형이나 호소형의 여당 후보가 나왔어야 했다.

하지만 정동영 후보는 주장형과 선동형이 교차하는 후보였기 때문에 노 대통령과 매우 유사한 면을 지니고 있었다. 애초에 차별화하기 힘든 후보였던 것이다. 2007년의 국민들은 선동형이 아니라 설득형 대통령을 원하고 있었다.

반면 이명박 후보는 대선에서 승리할 수 있는 필요·충분조건을 갖춘 상태였다. 야당의 강력한 단일 후보라는 필요조건에, 노무현 대통령과 확실히 다른 설득형 스피치라는 충분조건이 만났으니 승리는 이미 예견된 것이었다.

이명박 후보가 갖춘 조건은 야당의 입장에서는 정권교체의 카드가 되었다. 반면 여당의 입장에서 보면, 여당이 분열하고 현직 대통령과 유사한 스피치 유형을 고수할 경우 필패한다는 사실을 입증한 선거가 되었다.

제18대
대통령선거

박근혜 후보는 아버지 박정희의 후광을 입은 데다 '선거의 여왕'으로 불리며 새누리당 내 다수파를 형성하고 있었다. 노무현 전 대통령의 오랜 친구 문재인 후보는 노무현 대통령이 사망한 이후 정치적으로 크게 부각됐다. 2012년 18대 대통령선거에서 새누리당의 박근혜 후보는 51.6%의 득표율로 민주통합당의 문재인 후보보다 약 108만 표 앞서 당선됐다.

박근혜

2012년 대선은 이명박 대통령이 일방식 국정 운영을 하며 지난날의 권위주의로 회귀한다는 비판이 거센 가운데 치러진 선거였다. 박근혜 후보는 여당 속 야당 후보의 이미지가 매우 강했다. 여당 후보였지만 이명박 대통령과 끊임없는 대립각을 세우고 스스로 권력을 쟁취해갔기 때문이다.

이명박 대통령의 부정적 이미지는 박근혜 후보의 이미지를 새롭게 만드는 효과로 이어졌다. 이명박 대통령은 일방적인 국정 운영 방식으로 국민과의 소통이 부재해 불(不)통령이라는 부정적 평가를 받았다. 여의도 국회를 멀리하는 모습은 소통하지 않는 독선적인 태도로 비쳤다.

또 이명박 대통령은 '다스는 누구 겁니까?'라는 프레임이 말해주는 것처럼 부패한 이미지를 벗어나지 못했다. 4대강 사업과 자원외교, 방위산업을 말하는 '사자방' 비리 의혹이 이명박과 동일시됨으로써 이미지가 추락한 것이다. 그는 이익을 우선하는 기업경영과 공적 가치와 공공선이 앞서는 국가경영을 구분하지 못하는 우를 범했다.

박근혜 후보는 여성으로서 국민을 어머니처럼 따뜻하게 품어줄 수 있는 이미지로 어필됐다. 또 집권당 후보였지만 이명박 대통령과는 전혀 다른 모습으로 국민에게 다가갔다. '경제민주화'와 같은 공약으로 약자를 보듬겠다며 자신을 확실하게 표현하기도 했다.

> "저는 오늘, 국민 한 분 한 분의 꿈이 이루어지는 행복한 대한민국을 만들기 위해, 저의 모든 것을 바치겠다는 각오로 이 자리에 섰습니다. 저 박근혜, 이번 18대 대통령선거 출마를 선언합니다.
>
> 국민 여러분! 저의 삶은 대한민국과 함께해온 시간이었습니다. 우리나라가 가난을 이기고, 꿈을 이뤄가는 위대한 과정을 어린 시절부터 가슴 깊이 새겨왔습니다.
>
> 저는 '경제민주화 실현', '일자리 창출', 그리고 '한국형 복지의 확립'을 국민 행복을 위한 3대 핵심과제로 삼겠습니다.
>
> 국민 행복의 길을 열어갈 첫 번째 과제로 저는 경제민주화를 통해 중소기업인을 비롯한 경제적 약자들의 꿈이 다시 샘솟게 하겠습니다. 그동안 우리 경제는 효율성을 지나치

게 강조하면서 공정성의 중요성을 간과했고, 그 결과 경제주체 간에 격차가 확대되고 불균형이 심화되어 왔습니다. 공정하고 투명한 시장경제 질서를 확립해 경제민주화를 실현하는 일은 시대적 과제입니다.

정당한 기업활동은 최대한 보장하고 불필요한 규제는 철폐하여 경제에 활력을 불어넣겠지만, 영향력이 큰 기업일수록 사회적 책임을 다할 수 있도록 하는 데 있어서는 과감하고 단호하게 법을 집행하는 정부를 만들겠습니다."⁴⁴

박근혜 후보는 원칙과 신뢰의 정치인으로 국민들에게 각인되었고 그 자신도 옳고 그름에 대한 입장을 명확히 했다. 원칙과 신뢰의 지도자라는 이미지는 2007년 한나라당 대선 후보 경선에서 돋보였다. 이명박에게 패배했으나 깨끗이 인정하며 경선 현장에서 보여준 침착함과 감정의 절제는 국가 지도자로서의 이미지를 부각시키는 주요한 계기가 됐다. 박 후보는 '선거의 여왕'이라는 별명처럼 정치 전선에서 강한 승부욕을 펼치며 자신만의 신화를 만들어갔다.

박근혜 후보의 스피치는 주장형 스피치로, 먼저 내뱉지

않고 곱씹어 표현하는 절제 화법을 구사한다. 특히 질문이나 상황에 자신의 생각을 설명하지 않고 되묻는 방식으로 대응했다. '통일은 대박이다', '대전은요?', '전방은요?'와 같이 함축적 단어를 사용함에 따라 오히려 언론이 어떤 의미를 지니는지 확대해석해 보도하게 만드는 효과를 거뒀다. '나도 속고 국민도 속았다'와 같은 간단명료한 화법을 사용하기도 했다.[45] 어떤 사안에 대해 문장으로 설명하기보다 하나의 단어로 표현하는 게 특징이었다.

박근혜의 주장형 스피치는 이성적이고 합리적 설명 없이 단순하게 자기중심적 언어를 활용하고 있다. 박근혜 후보의 아버지 박정희 전 대통령은 알기 쉬운 단어로 표현하고 지시문도 간결했는데 이러한 영향을 많이 받은 것으로 보인다. 박정희 전 대통령은 '조국 근대화', '민족중흥', '민족주의', '근면·자조·협동', '위기이자 기회'와 같은 수사를 주로 사용했고 매우 쉬운 용어를 선택해 사용하며 극적인 선전 효과를 얻었다. 박근혜 후보는 과묵하고 불필요한 말은 하지 않으며 자극적인 돌출 발언을 자제했다는 점에서 박정희 전 대통령을 닮아 있었다.

박 후보의 주장형 스피치는 흥분하는 일이 없이 톤이 안정돼 있고, 억양은 주어와 어미 처리에 있어 강세나 강조가 없는 편이다. 말의 속도는 느린 편이고, 호흡 역시 긴 호흡과 짧은 호흡의 구분이 잘 되지 않고 있다. 이것은 박근혜 후보가 문장을 구사하는 대신 단어의 조각조각으로 말을 전개하기 때문에 드러나는 현상이다.

비언어적 측면에서 박 후보는 단아하고 어머니 같은 이미지와 어울려 안정적이고 통합적인 이미지로 연출됐다. 박근혜의 정치는 패션이라는 비언어적 능력에도 치중하는 모습이었다. 패션의 정치는 정치권력의 필요에 따라 만들어졌다. 하나의 시대적 기류가 아닌, 정치권력의 수요에 의한 전략적 장치였다.[46]

고대에 계급이 뚜렷했던 시기가 있었다. 그 시대에는 의복과 색깔로 계급의 상징을 나타내기도 했다. 의복은 권력을 상징하는 도구였다. 박근혜 후보도 자신의 정치철학을 패션에 담아 활용했다. 사실 현대정치에서 패션은 자신의 정치적 견해와 입장 또는 철학과 정책을 직접적인 방법이 아닌 간접적인 방법으로 활용하는 유효한 도구 중 하나다. 정치적 메시지를 담아 자기표현을 확실히 할 수 있는 방법이 패션인 것이다.

문재인

문재인 후보는 변호사 출신으로 전문가적인 이미지와 선비 같은 이미지가 돋보였다. 그의 행동 하나하나에 성실한 자세와 순수하게 사람을 대하는 모습이 묻어났다. 따뜻하고 친밀하게 대중에게 다가가 남의 얘기를 경청하는 자세를 갖춘 점이 강점으로 꼽혔다. 반면에 정치인으로서 필요한 과단성 있는 행보와 강한 추진력, 결단력, 잡초 같은 생명력은 다소 덜한 편이었다.

야당의 문재인 후보는 호소형 스피치를 구사했다. 언어적 특징을 살펴보자면 말의 톤이 일단 한 톤 낮다. 노무현 대통령과 비교해 보면 몇 톤이 낮다고 볼 수 있다. 한마디로 차분한 편이다. 여당의 후보였던 박근혜 후보와 비교해도 목소리의 톤이 낮은 편이었다.

말의 속도는 느리고 문장에서 어디에 특별히 강조를 두지 않고 담담한 어조로 풀어가는 유형이었다. 발음은 정확하지 않지만 경상도 특유의 억양이 소탈하고 겸손한 느낌을 주어 인간적인 따뜻함으로 대중에게 다가갔다. 특히 "여러분 힘 드시죠?", "얼마나 고생스러우십니까?", "국민이 모두 아픕 니다."와 같이 낮은 자세로 호소하는 모습이 문 후보의 호소 형 스피치와 잘 어울린다.

"국민이 모두 아픕니다.

제가 높이 날고 크게 울겠다고 결심한 이유는 보통 사람들 의 삶이 너무 고달프고, 우리가 처한 현실이 너무도 엄중 하기 때문입니다. 근본적인 혁신, 거대한 전환 없이는 나 라가 무너지겠구나 하는 절박함 때문입니다.

국민 한 사람 한 사람이 모두 아픕니다. 빚 갚기 힘들어서, 아이 키우기 힘들어서, 일자리가 보이지 않아서 아픕니 다. 입시 부담과 성적 스트레스, 그리고 학교폭력에 상처 받은 어린 영혼들은 그 아픔을 견디지 못하고 하나둘 우리 곁을 떠나고 있습니다. 어르신들도 삶이 힘겨워서 스스로 세상을 버리는 분이 많습니다.

왜 이렇게 아픈 일들이 계속 일어날까요? 약자의 고통에 관심 없는 정부, 부자와 강자의 기득권 지켜주기에 급급한 정치가 사람들에게서 희망을 앗아가버렸기 때문입니다. 지금 길거리는 표정 없는 사람들로 넘쳐납니다. 국민들에게 희망을 주는 정치가 절실하게 필요합니다."[47]

그는 대중에게 호의적으로 다가갔고 존경과 감사의 마음을 전하기 위해 노력하는 모습을 보여 감성에 호소했다. 힘들 때 손만 잡아줘도 눈물이 나는 것처럼, 국민이 처한 상황을 잘 알고 있다며 토닥여주어 많은 이의 공감을 사기도 했다.

18대 대통령선거
: 박근혜=여당 단일후보+주장형 스피치

박근혜-문재인의 양자구도로 치러진 18대 대통령선거는

여당이 분열하지 않고 단일 후보가 나설 경우 승리한다는 것을 다시 한 번 보여주었다. 새누리당 박근혜 후보가 이미 차기 주자로서 자리 잡고 있는 가운데 야당 역시 후보단일화에 성공한다.

문재인 후보와 안철수 후보가 단일화를 이뤄 문재인 후보가 상대적 강자가 됐지만, 후보단일화 과정과 그 이후 선거 과정에서 시너지를 만들지 못하는 한계를 보였다. 2012년 대선은 야당이 후보단일화를 했다 하더라도 여당의 후보가 분열하지 않고 단일 후보로 출마하는 경우 여당이 대선에서 승리한다는 시사점을 던져준다.

이 선거에서는 박근혜 후보의 주장형 스피치와 문재인 후보의 호소형 스피치가 대결의 장을 펼쳤다. 박근혜 후보가 지닌 스피치의 특징은 독창적인 의제를 선정해 자기 주도적으로 이끌어가거나 의제에 대해 명료하게 설명하는 방식이 아닌, 주어진 이슈에 대해 간단히 방어적으로 주장하는 유형이다. 공격적 주장형과는 대조적인 방어형 주장형이라고 할 수 있다.

홍준표 후보가 공격적 주장형이라면 박근혜 후보는 방어

형 주장형이라고 할 수 있다. 박 후보는 위엄있게 말하고, 단순하면서 단정적인 표현을 자주 사용한다. 이슈가 제기되면 자신의 생각을 설명으로 풀어놓기보다 단답형으로 상황을 전환하려 했다.

예컨대 세종시가 왜 추진되어야 하느냐는 질문에 박 후보는 '원칙을 지켜야 한다', '내가 대통령이 되면 잘할 수 있다'와 같이 방어적이고 단선적인 단답형을 사용해 흐름을 주도하려 했다. 반면 앞서 설명한 것처럼 문재인 후보는 하나하나의 이슈에 대해 답을 찾아가며 설명하는 낮은 자세로 국민에게 다가가고 호소하는 모습이었다.

2012년 대선을 다시 정리하면 여야가 단일화에 성공해 1:1 대선 구도 속에서 '이명박 대통령과 확실히 다른 모습을 보인 후보가 누구냐?'를 기준점 삼아 투표한 선거였다고 볼 수 있다. 박근혜 후보는 여당의 후보였지만 그의 주장형 스피치는 야당의 문재인 후보의 호소형 스피치와 비교해 볼 때 이명박 대통령과 더 확실하게 차별화됐다고 볼 수 있다. 주장형 스피치가 호소형 스피치를 누른 선거였다.

이로써 여당이 분열하지 않고 현직 대통령과 다른 스피치 유형을 구사하는 후보를 출마시킨다면 정권을 재창출할 수 있다는 것이 확인되었다. 야당의 경우 단일 후보를 내세우고 여당이 분열하지 않는다는 전제하에, 확실하게 여당의 후보를 뛰어넘을 수 있는 선동형 스피치를 구사하는 후보나 공격적 주장형 스피치의 후보가 나왔다면 승리할 수 있었을 것이다. 이러한 분석은 2017년 대선을 분석할 수 있는 틀을 제공한다.

제19대
대통령선거

탄핵정국 읽기

박근혜 대통령은 취임 이후 야당이나 국민에게 고개 숙이고 진정으로 다가가는 모습도 사라지고, 자기가 하고 싶은 말만 하는 대통령이 되었다. 전형적인 주장형 스피치는 자신의 주장만이 옳다는 아집형으로 변질되어갔다. 남의 말을 수용하지 않는 모습이 그대로 드러났다. 박근혜 대통령에 대한 비판은 소통 부족에서 출발했다. 한마디로 '불통'(不通)이라는 것이다.[48]

박근혜 대통령은 국민들의 희망과 기대로 다가가고 아픔과 슬픔을 함께 나누겠다며 공감을 이끌어내는 이미지를 만들었지만, 2014년 4월 16일 세월호 참사 이후 박 대통령의 이미지는 불통의 이미지로 점점 변질됐다. 세월호가 침몰한 후 박근혜 대통령이 나타나 한 말은, 모든 국민들의 신뢰를 잃게 만들었다.

"학생들이 구명조끼를 입었다는데 (그들을) 발견하거나 구조하기가 힘이 듭니까?"

박 대통령의 말은 TV를 보면서 애타게 학생들이 구조되기를 기다리는 국민들이 바라볼 때, 최고 책임자인 대통령이 상황을 전혀 모르고 있는 것으로 비쳤다. 모든 국민들이 슬퍼하고 가슴 졸이고 있는데 박근혜 대통령은 무엇을 하고 있었기에 아무것도 모르고 있는 건지 되묻기 시작했고, 대통령의 답은 설득력을 얻지 못했다.

그동안 박 대통령은 신뢰의 정치, 원칙의 정치를 외치며 호소로 다가갔지만, 이 한마디는 그동안 쌓아 놓은 신뢰를 완전히 잃게 되는 계기가 됐고, 통치자로서의 자격을 상실하게 만들었다.

"저는 오로지 국민들께서 저를 믿고 선택해 주신대로 국민을 위하고 나라를 지키는 소임을 다하고 제가 머물던 곳으로 돌아가는 것 외에는 어떠한 사심도 없습니다.

그러나 요즘 각종 의혹이 확산되고 논란이 계속되는 것은 지금 우리가 처한 위기를 극복하는 데 도움이 되지 않고 오히려 위기를 가중시킬 수 있습니다.

심지어 재단들이 저의 퇴임 후를 대비해서 만들어졌다는데 그럴 이유도 없고, 사실도 아닙니다. 만약 어느 누구라도 재단과 관련해서 자금 유용 등 불법행위를 저질렀다면 엄정히 처벌받을 것입니다.

앞으로 더 이상의 불필요한 논란이 중단되기를 바라는 마음에서 제가 말씀드려야 할 것 같습니다."[49]

결국 불통 논란과 더불어 최순실의 국정농단과 문고리 3

인방과 같은 국정 운영의 치명적인 문제들이 드러났고 이는 사회적 저항을 불러일으켜 촛불 혁명으로 이어졌다. 그리하여 박근혜는 대한민국 최초의 여성 대통령으로 화려하게 출발했지만 헌정 사상 최초의 '탄핵 대통령'이라는 오명을 쓰고 퇴진하게 됐다.

2019년 대선은 박근혜 대통령이 탄핵을 당한 가운데 치러졌다. 탄핵정국에서 여당인 새누리당은 자유한국당의 홍준표와 바른정당의 유승민으로 분열됐고 야당은 더불어민주당의 문재인, 국민의당의 안철수, 정의당의 심상정 후보가 경쟁해 문재인 후보가 대통령으로 당선됐다.

문재인

문재인 후보는 호소력 짙은 스피치로 국민의 마음을 얻어 대통령에 당선됐다. 화려한 달변가가 아니고 오히려 말이 어눌한 편이지만 변호사 출신으로 내용을 잘 숙지하고 논리적인 설득을 하는 내공을 선보였다. 대통령 후보와 유권자 간에 일체화될 수 있는 공감대가 형성돼야 하는데 문재인 후보는 국민의 감정선에 다가갈 수 있는 호소력 짙은 언어를 사용했다. 스피치 측면에서 보면 경상도 억양에 톤도 낮고 발음이 부정확하다. 문장의 어미 처리도 확실하게 들리지 않는다.

하지만 이러한 스피치 기술의 단점을 극복하는 장점이 있었다. 자기주장을 확실히 펼치기보다 매사에 신중하고 심사숙고하는 그의 스타일이 온화하면서도 따뜻한 이미지를 주었던 것이다. 다소 속삭이듯 하는 목소리는 한 명 한 명 개인별로 대화하듯이 말을 하는 느낌을 주게 된다. 1:1 만남과 같은 대화법이 큰 특징으로 친밀감을 느끼게 한다. 호소력 있게 옆에 앉아서 속삭이듯이 자신의 가치와 현실 인식 그리고 해결 방안에 대해 말한다.

그런 면에서 노무현 전 대통령의 경우와는 명백한 대조를 이룬다. 노 대통령은 1:1로 대화하는 느낌이 아니라 다수의 군중 앞에서 포효하는 느낌이 매우 강한 편이다. 문재인 후보의 스피치는 기술적 측면에서 보면 발음, 톤, 억양, 강조,

속도 등이 다소 부족해 보이지만 비언어적 측면에서 두드러지는 진정성 있는 모습이 지지층의 견고한 지지를 받고, 중도층의 표심까지 얻을 수 있었다. 다만 그의 호소형 스피치는 리더로서의 강한 기질이 보이지 않고 다소 결단력이 부족한 유약한 리더십으로 비칠 위험성도 존재했다.

문재인 대통령은 '잘생기고 매너 좋은 착한 사람'이라는 이미지와 더불어 참모들과 적극적으로 소통하는 모습, 편안하면서도 친근한 이미지로 호감도를 높였다.[50] 국민이 촛불을 들어 새로운 정권을 만드는 상황에서 문재인 대통령은 국민은 위대하다는 점을 강조하며 국민이 원하는 대통령이 되겠다며 낮은 자세로 호소하는 스피치를 보였다.

"존경하는 국민 여러분, 지난 몇 달 우리는 유례없는 정치적 격변기를 보냈습니다. 정치는 혼란스러웠지만 국민은 위대했습니다. 현직 대통령의 탄핵 구속 앞에서도 국민들이 대한민국의 앞길을 열어주셨습니다. 우리 국민들은 좌절하지 않고 오히려 이를 전화위복의 계기로 승화시켜 마침내 오늘 새로운 세상을 열었습니다. 대한민국의 위대함

은 국민의 위대함입니다."⁵¹

문재인 후보의 가장 큰 장점은 정직하고 도덕적인 정치인
이라는 이미지가 매우 강하다는 것이다. '기회는 평등하고
과정은 공정하고 결과는 정의롭게'라는 구호는 문 후보의 그
런 이미지에 방점을 찍어주었다.

"문재인과 더불어민주당 정부에서 기회는 평등할 것입니
다. 과정은 공정할 것입니다. 결과는 정의로울 것입니다.
공정한 대통령이 되겠습니다. 특권과 반칙이 없는 세상을
만들겠습니다. 상식대로 해야 이득을 보는 세상을 만들겠
습니다. 이웃의 아픔을 외면하지 않겠습니다. 소외된 국민
이 없도록 노심초사하는 마음으로 항상 살피겠습니다. 국
민들의 서러운 눈물을 닦아드리는 대통령이 되겠습니다.
소통하는 대통령이 되겠습니다. 낮은 사람, 겸손한 권력
이 되어 가장 강력한 나라를 만들겠습니다. 군림하고 통
치하는 대통령이 아니라 대화하고 소통하는 대통령이 되
겠습니다. 광화문 시대 대통령이 되어 국민들과 가까운

곳에 있겠습니다. 따뜻한 대통령, 친구같은 대통령으로 남겠습니다."[52]

문재인 후보의 겸손한 모습과 온유한 성품은 약자의 목소리에 귀 기울일 줄 아는 지도자의 이미지로 비쳤다. 그는 매우 서민적인 이미지로 대중에게 호감 있게 다가갔다. 언제든 나의 얘기를 들어줄 것 같은 친근한 매력을 지니고 있었다. 대중은 대통령 후보의 말을 귀 기울여 듣고 일정한 감정의 교류를 거침으로써 지지하게 된다. 이러한 대중의 요구에 문재인 후보는 호소형 스피치로 다가섰다.

홍준표

홍준표 후보는 화끈하게 자신의 생각을 말하는 주장형이다. 토론 중 자기에게 불리한 상황에서도 확실한 주장을 펼치며 위기를 잘 극복한다. 토론에서 밀리면 죽는다는 인식이 깔려 있고 퇴로가 없이 오로지 전진하는 스타일이다.

그의 스피치에는 거칠고 사나우며 정제되지 않은 야생적 기질이 담겨 있어 타인을 거침없이 몰아 회복 불가능한 상황으로 만들어간다. '독설가'라는 이미지가 강하고 타인에게 상처를 주다 보니 적을 만들 수 있는 가능성이 크다. 하지만 모든 이슈에 당당하게 나서고 자신의 입장을 거리낌 없이 표현하는 카리스마가 있으며, 자신의 지지 세력을 결집시키는 탁월한 능력 또한 갖추고 있다.

그럼에도 자기주장과 상대에 대한 비판의 수위가 매우 강해, 불리한 상황이 도래할 경우 자신이 한 주장이 부메랑이 돼 비난의 화살로 돌아오는 일을 자초했다. 검증되지 않고 정제되지 않은 주장을 펼치면 그대로 본인의 말과 행동을 스스로 부정하는 좋지 않은 결과를 만들어낸다. 홍 후보는 자기 표현력이 워낙 강하고 자기감정에 충실하다 보니 조직 내에서도 불협화음이 잦았고 단일대오를 형성하지 못하고 충돌하는 모습을 자주 빚었다.

홍준표 후보의 자극적인 말은 확실한 선 긋기의 표현이다. 싸워야 할 적이 누구인지 명확하게 규정하고 그 상대를 궁지로 몰 수 있으며 우적을 구분해 지지 세력을 결집시킬 수 있는 가장 효과가 빠른 방법이다. 합리적 이성에 기반해 대중을 논리적으로 설득하기보다 막무가내식 표현을 통해 회자가 되고 카타르시스를 느끼게 만든다.

> "존경하는 국민 여러분!
> 아직 여론의 흐름은 우파를 외면하고 있습니다.
> 좌파 광풍 시대입니다.
> 그러나 남미와 유럽에서는 좌파가 몰락했습니다.
> 한반도를 둘러싼 4강의 지도자는 국수주의자이자 '스트롱맨'입니다.
> 소통으로 치장한 유약한 좌파정부가 들어서면 이들은 모두 우리를 외면할 것입니다.
> 저는 조금도 위축되지 않습니다."[53]

홍준표 스피치의 가장 큰 특징은 방어보다는 공격 이슈를 선점해 상대 후보를 공격하는 데 집중한다. 타인의 말과 행동에 잘못된 부분을 강조하고 과도한 차별화를 시도하다 보니 안하무인적인 태도로 보이기도 한다. 홍준표 후보의 자유한국당 대통령 후보 수락 연설에 나왔던 하나의 문장만으로도 홍 후보가 얼마나 공격적인 자기주장형인지 읽을 수 있다.

"여러분이 걱정하는 문재인 후보는 10분 내에 제압할 자신이 있다."[54]

이 문장에 사용된 '10분'과 '제압'이라는 단어는 대통령 후보 수락 연설에서 매우 부적합한 용어지만 홍 후보는 그 것을 선택해 사용했다. 여기에서 자기를 중심에 두고 주장한다는 사실을 확인할 수 있다. 이러한 표현은 긍정적 이미지보다는 부정적 이미지가 부각되는 역효과를 낳는다. 그렇게 그는 모든 국민을 아우를 수 있는 지도자의 이미지와 점점 멀어져 갔다.

또 홍 후보는 누군가가 자신을 제치고 앞서가는 것을 참지 못하고 기존 정치에 대한 혐오를 자극하는 반항아적 이미지를 가지고 있었다. 그리고 본인의 가치관을 대중에게 거침없이 쏟아내기도 했다. 자기중심으로 세상을 바라보

고 타자에 대한 배려 없이 주관적 관점에서 말을 쏟아낸다
는 점에서 2017년 홍준표 후보의 스피치는 전형적인 주장
형 스피치다.

안철수

기존 정치에 대한 실망은 새로운 시대를 열 수 있는 가능
성을 담은 리더가 정치권 밖에서 나타나 주기를 바라는 국민
적 열망으로 이어졌다. 이렇게 국민의 마음이 간절한 가운데
안철수가 등장했고 곧 '안철수 현상'이라 불릴 만한 신드롬
이 되었다.

안 후보가 2011년 9월 서울시장 보궐선거를 앞둔 시점에
서 정치 무대에 처음 등장했을 때 국민들은 그가 한국 사회
에 무엇을 할 수 있고 어떤 준비를 해왔으며 미래에 대한 비
전은 있는지, 또는 정치적으로 무엇을 제시할 수 있는지 따
지지 않고 무한 신뢰를 보냈다. 거기에는 무엇이든 해낼 수
있을 거라는 막연한 기대심리가 작용했고, 그 기대심리는 엄

청난 폭발력으로 돌아왔다.

안철수라는 인물에 대중이 지대한 관심을 가졌던 이유는 무엇일까?

기존 정치에 대한 불신으로 새로운 인물을 찾는 과정에서, 서울시장 후보로서 압도적인 우위에 있었지만 박원순 변호사에게 양보하는 모습은 기존 정치인과는 확실히 다른 새로운 이미지로 대중들에게 각인됐다. '양보의 정치'는 이제까지 한국 정치에서 볼 수 없었던 흔치 않은 모습이었고 국민들의 기대를 모으기에 충분한 신선한 충격이 되었다. 또한 사람을 치료하는 의사에서 바이러스로 병든 컴퓨터를 고치는 IT 전문경영인으로 변신해 성공했다는 업적 또한 긍정적 이미지에 크게 기여했다. 대중은 구시대 리더십을 대체하는 새로운 리더십으로 안철수를 받아들였다.[55]

하지만 정치인으로서의 길은 달랐다. 2012년 18대 대선에서 민주통합당 문재인 대선 후보와 야권 단일화를 이뤘고 그 이후 본격적인 정치무대에 등장한다. 새정치민주연합 탈당, 국민의당 창당, 19대 대선 패배, 바른정당과의 바른미래당으로 합당, 2018년 지방선거 패배에 이르기까지 정치인으로

서 안철수의 길은 쉽지 않았다.[56]

알랭 드 보통이 《왜 나는 너를 사랑하는가》에서 "우리는 우리가 사랑하게 된 사람이 누구인지 잘 모르는 상태에서 사랑에 빠질 수밖에 없는 것 같다. 최초의 꿈틀거림은 필연적으로 무지에 근거할 수밖에 없다"[57]라고 한 것처럼 국민들은 안철수 후보에 대해 잘 모르는 상태에서 그를 새 정치의 메시아로 받아들였다.

안철수 후보는 이명박 정부 시절 이명박의 부도덕한 모습과 대조를 이루는 정직하고 깨끗하고 진정성 있는 이미지로 부각됐다. 당시 안철수가 등장할 수 있었던 것은 이명박의 다른 얼굴이었기 때문이다. 하지만 본격적으로 정치 무대에 오르는 순간 정치적 훈련이 되지 않았고 내공이 부족하다는 점이 그대로 드러나며 실망을 안겨주고 말았다.

안철수 후보는 초기에 설득형 스피치를 구사했으나 대통령선거 과정에서 주장형 스피치로 변화하는 모습을 보였다. 안철수 후보는 MBC 예능 프로그램 〈무릎팍도사〉에 출연해 언뜻 어눌한 것처럼 들려도 할 말은 다 하는, 웃음과 해학이 있는 이야기를 풀어놓아 사랑받았다. 또한 높은 지식 수준을 입증할 만한 여러 사례를 적절한 문장으로 표현하며 많은 공감을 불러일으켰다.

설득형 스피치는 1:1, 1:소, 1:다의 형식 중 유난히 1:1이 강한 편이다. 1:소의 토론이나 1:다의 연설보다는 1:1 인터뷰에서 실력이 훨씬 돋보이게 된다. 설득형의 후보들은 충분한 시간이 주어지고 상대가 들을 준비가 되어 있는 경우에 좀 더 편안함을 느끼고, 1:소 같은 토론에서 상대가 적일 경우에는 쉽게 흔들릴 수 있다. 합리적 이성의 영역이 아닌 상황, 즉 감정을 터치하고 공격적 언행이 난무하는 토론 상황일 때 이성적 접근에 능숙한 설득형은 상대적으로 약해질 수밖에 없다.

안철수 후보는 〈무릎팍도사〉에서 그랬듯 자신이 알고 있는 내용을 1:1 인터뷰 형식으로 말할 때 편안하면서도 능숙하게 답할 수 있지만 공격적인 인터뷰어의 질문 공세가 이어지면 쉽게 무너질 수 있다.

이러한 설득형 스피치의 약점을 안철수 후보가 그대로 드러냈다. 어떤 사안을 설명할 때 설득형으로 여러 사례를 들며 풀어가지만 그의 말에는 모호한 측면이 강했다. 정확히 지향하는 방향이 무엇이고 누구를 향해 말하는 것인지, 무엇을 확신하고 있는지 등 가치관이 확실히 드러나지 않았다. 그리고 안철수 후보에게는 '간철수'라는 별명이 붙었다. 어떠한 사안이든 명확한 입장을 제시하지 않고 간을 본다고 해서 생긴 별명이다.

정치가로서 어떤 정책과 비전을 가지고 준비해 왔는지, 여러 정치 현안을 해결할 수 있는 능력을 갖췄는지 등 정치인의 자격과 능력을 더 보여줘야 했지만 대중을 설득하기에는 역부족이었다.

안 후보의 또 하나의 약점은 대중연설에 매우 취약하다는 것이다. 대중연설은 지도자가 카리스마를 확실하게 표현할 수 있는 가장 강력한 방법이고 흔들리는 대중의 마음을 잡을 수 있는 비법이기도 하다. 완전국민경선 연설은 안철수 후보가 '강철수'라는 이미지 효과를 거두는 계기가 됐고, 대중연설에서 놀라운 발전이 있었다고 평가할 수 있다.

하지만 안철수 후보가 일단 전달에서 불명확한 발음과 아성(兒聲)을 벗어나지 못했고 속도와 호흡, 강세를 적절히 사용하지 못하다 보니 설득형도 아니고 주장형도 아니어서 자신의 옷을 걸치지 못한 모습이었다.

유승민

유승민 후보는 합리적이며 분석력을 갖춘 설득형이다. 토론에서 어떤 근거를 들어 말하는 유형으로 이유 없이 상대를 공격하지 않는다. 학자 출신답게 자신만의 지식과 교양을 차분하게 설명하며 타인과는 다른 식견이 있다는 점을 부각시킨다. 말의 응축된 힘이 있고 논리와 임기응변에도 강한 것이 유승민 스피치의 장점이다.

하지만 토론에 있어 자기 생각을 반복해 말하며 물러서지 않는 고집스러운 모습도 보인다. 특히 그는 자신의 말을 명료하게 한마디로 정리하는 힘이 약해 다소 답답한 느낌을 지우기 힘들다. 학자 스타일의 스피치를 하다 보니 보니 정치인으로서의 명쾌함과 강한 승부사적 기질은 그 안에 녹아들기 힘들었다.

유승민 후보는 대화의 수준이 높은 편이다. 사람에 따라 수준이 높은 사람, 수준이 보통인 사람, 수준이 낮은 사람이 있다. 정치인의 말은 결국 공통분모를 많이 만들어가야 하는데, 유 후보의 화법은 기대 이상으로 수준이 높아 이해력이 부족하고 지식이 얕은 사람에게는 다소 다가가기 어려웠다. 그가 구사하는 설득형 스피치는 청중들에게 자신의 지식 능력을 마음껏 뽐내고 싶어 하는 특징이 있다. 또 다자 토론이 아닌 양자 토론에서 큰 강점을 보이는데, 특히 맞짱토론과 같은 형식에서 다른 후보보다 우위를 점하며 돋보일 수 있다. 하지만 한국의 대선은 다자토론이기 때문에 유승민 후보와 같은 설득형 스피치의 한계가 뚜렷이 드러났다.

19대 대통령선거
: 문재인=탄핵정국·여당분열+호소형 스피치

2017년 제19대 대통령선거는 박근혜 대통령이 탄핵되는 가운데 실시된 선거였다. 때문에 박근혜 전 대통령의 그림자를 지울 수 있고 확연히 선을 그을 수 있는 후보가 가장 경쟁력 있는 후보라고 할 수 있었다. 정당의 구도로 볼 때 여당 즉 보수 진영이 자유한국당의 홍준표 후보와 바른정당의 유승민 후보로 분열된 가운데 선거가 치러졌고, 중도 지형의 국민의당 안철수 후보가 출마했지만 야당의 문재인 후보는 '정권교체'라는 단일대오를 이뤄 선거에 승리했다.

스피치로 볼 때도 문재인 후보의 호소형, 홍준표 후보의 주장형, 안철수 후보의 설득형과 주장형을 오고 가는 혼돈형, 유승민 후보의 설득형이 대결하는 싸움이었다. 안철수와 유승민 후보는 군소 정당의 후보로 이미 경쟁력이 약했고, 홍준표 후보의 주장형은 박근혜 전 대통령의 주장형 스피치와 차별성을 갖지 못했다.

주장형 스피치는 자기를 중심에 두고 말하기 때문에 듣는 청중은 일방적으로 받아들일 수밖에 없다. 박근혜 전 대통령의 주장형에 이미 싫증이 난 국민들은 변화를 요구하고 있는데 여당의 후보인 홍준표 후보가 또 자기주장형의 스피치를 들고 나선 것이다. 필패의 카드였다. 반면 문재인 후보는 호소형 스피치를 구사해 낮은 자세로 국민의 목소리를 듣겠다고 나서면서 국민적 호응을 이끌어낼 수 있었다.

제20대
대통령선거

2022년 대선은 정권교체 여론이 상대적 우위인 가운데 치러졌다. 국민의힘 윤석열 후보는 국민의당 안철수 후보와 단일화하면서 보수 통합후보로 나섰고, 범진보는 더불어민주당 이재명 후보와 정의당 심상정 후보로 분열했다. 결국 더불어민주당의 이재명, 국민의힘의 윤석열, 정의당의 심상정 후보가 경쟁해 윤석열 후보가 대통령에 당선됐다.

이재명: 선동형에서 설득형으로

이재명 후보는 여러 근거를 들며 차분히 설명하는 전형적인 설득형 스피치이다. 두괄식이 아닌 미괄식으로, 연역법이 아닌 귀납법으로 결론을 이끌어낸다. 이재명 후보는 2017년 선동형의 스피치에서 2022년 설득형의 스피치로 변화한 모습이었다. 2017년 경선 당시는 말에 감정이 실렸고 대중과 호흡하며 사이다 발언의 상징이었다. 2022년 대선 과정에서 유력한 여권의 후보가 되면서 기존 스피치의 유형을 벗어나려는 시도가 있었다.

여당의 대통령 후보가 된 이후 이재명은 야당의 공격을 방어하고 언론의 비판과 견제로부터 우위를 지키기 위해 직접 나서서 사안 사안을 자세히 설명하며 대국민 설득에 나서는 설득형이었다. 이재명 후보는 대장동과 같은 흑색선전 이슈에 대해 시간을 끌고 기다리면서 프레임 전환을 시도하기보다 정치의 최전선에 홀로 서서 온몸으로 부딪히며 적극 해명했다. 하지만 후보의 직접적 발언이 오히려 갈등을 해결하기보다 복잡하게 만드는 경우가 발생했다. 특히 대장동 이슈가 그런 예라고 할 수 있다.

이재명 후보가 대장동 이슈에 대해 언급하면 또 다른 논란을 불러일으켜 좋지 않은 상황으로 변질될 위험성이 높았다. 따라서 대장동 이슈에 대해 말하지 않는 전략도 필요해 보였다. '자기방어(self-defence)'를 위해 보다 신중함(prudence)과 자제(restraint)를 유지해야 한다는 것이다.[58]

후보는 당연히 국민을 향해 자주 말하고 충분히 설명해야 하지만 효과를 얻을 수 있는지는 다른 문제이다. 이재명 후보는 모든 이슈에 대해 국민에게 충분히 설명해야 한다는 것이 후보로서 국민에 대한 예의라고 생각했다. 선동형은 대체로 이슈 제기형이고 설득형은 이슈 설명형이라고 단순 표현한다면, 이재명 후보는 대선 과정에서 이슈 설명형인 설득형으로 변화한 모습이었다.

이재명 후보는 자신을 상징하는 정치언어를 만들어 대통령 후보가 됐다. 흙수저에서 출발해 성남시장과 경기도지사로서 업적을 쌓았고 자신의 철학과 비전을 담은 자신만의 표현을 만들어왔다. 또한 국민의 눈높이에 맞는 간결하면서도 명확한 언어로 대중의 마음을 사로잡았다.

TV 토론에서는 이재명만의 색깔이 퇴색하는 모습이었다. 신중하지만 여유롭고 자연스러운 모습을 견지하지 못했다. 그는 한 템포 쉬고 응답하는 여유를 가지며 국민의 마음을 편하게 해주고 믿음을 주며 TV 토론을 자신만의 힘으로 주도하는 데 실패했다. 스피치에 있어 감정보다는 이성적으로, 말의 속도는 다소 느려지고, 말의 톤은 일정하고, 강약이 없는 편으로 바뀌었다.

특히 이재명 후보는 두 측면으로 분류해 살펴볼 필요가 있다. 대중연설과 TV 토론에서는 전혀 다른 스피치를 구사했기 때문이다.

국민들을 직접 만나 연설하는 대중연설에서는 선동형의 스피치가 그대로 남아 '역시 이재명이다'라는 평가도 있었다. 시장에서 마이크 없이 조그만 공간에서 국민들에게 원고 없이 하는 연설에서는 감정적으로 몰입하고 자신의 애기를 자유롭게 풀어가며 대중을 쥐락펴락하는 전형적인 선동형 스피치였다.

"과일 가게에서 버린 과일들을 냉장고가 없으니 놔두면

썩으니까 밤에 아버지가 주워서 가져오면 우리 식구들이 밤에 다 모여서 한꺼번에 배가 터지게 먹어치웠습니다. 내일 아침에는 썩어서 못 먹으니까요. 그래서 제가 정치를 하면서 '우리 아이들이 과일을 냉장고에 넣어놓고 필요할 때 싱싱하게 꺼내 먹을 수 있는 정책'을 만들었습니다. 어린이들에게 과일을 주는 사업을 한 이유도 냉장고에 과일을 넣어놓고 먹고 싶을 때 꺼내 먹는 게 제 꿈이었기 때문에 그렇습니다. 저는 교복을 입어보지 못했습니다. 그래서 '아이들에게 최소한 교복 한 벌은 해주자', 부모가 돈이 없어서 교복 살 돈이 없어서 선배들이 입던 교복 물려 입는 그 아픈 심정을 제가 조금이라도 덜어주고 싶어서 무상교복 정책을 시작했습니다. 제가 하는 모든 일은 우리의 삶, 우리 서민들의 삶과 이재명의 참혹한 삶이 투영되어 있습니다. 앞으로도 여러분을 위해서 최선을 다하겠습니다. 여러분 고맙습니다."[59]

그러나 TV 토론과 같이 정해진 틀에서는 자신의 날개를 확실히 펴지 못하는 모습이었다. TV 토론에서는 상대적으로 시원한 이재명, 사이다 이재명, 나를 대신해 싸워주는 그만의 강력한 이미지를 살리지 못했다.

TV 토론은 전형적인 1:소 형식이다. 이재명 후보는 1:1 대담과 인터뷰에서는 차분히 설명하면서 어떤 주제든 자신 있게 소화하는 모습이었으나, 1:소인 TV 토론에서는 상대적으로 자기 실력을 발휘하지 못했다. 이재명 후보는 윤석열, 안철수, 심상정 후보와 함께 주어진 시간과 틀에 박힌 형식, 예를 들면 1분 30초 답변, 주도권 토론 등에서 자기주도형으로 토론을 이끌지 못하는 모습이었다.

설득형 스피치 유형이 대체적으로 1:1 대담에는 강하지만 1:소 토론에는 대중에게 깊은 인상을 남기지 못하는데 이재명 후보 역시 1:소 토론에서 큰 점수를 얻지 못했다.

집권 여당의 후보로서 정제된 스피치를 선보여야 한다는 강박관념도 있었고, 과거의 격정적이 아닌 안정적인 이재명이어야 한다는 조언과 주문이 쇄도한 탓에 감정이 섞이지 않은 다소 드라이한 말투를 선보였다. 정치인은 국민의 감성을 자극해 국민들로 하여금 감정이입을 통해 감동을 줄 수 있다. 힘들 때 손만 잡아줘도 눈물이 나는 것처럼 국민이 처한 상황을 잘 알고 있다는 표현을 써야 할 때가 있다.

그러나 이재명 후보는 "여러분, 힘드시죠?", "얼마나 고생스러우십니까?" 등의 말을 먼저 하는 감성적 화법보다는 사안별로 구체적 수치를 들며 이성적 화법을 활용했다. 전형적인 설득형 스피치다.

윤석열: 단순 주장형

윤석열 후보의 스피치는 '단순 주장형'으로 볼 수 있다. 주장형은 자신의 생각이 언제나 옳다는 확신에서 나오는 스피치이다. 주장형의 가장 큰 특징은 문장이 짧다는 것이다. 윤석열 후보는 정치적 역량의 빈약함이 드러나지만, 오히려 정치적 수사는 더욱더 자신이 옳다는 주장형으로 가는 경향이 뚜렷했다.

수많은 말실수가 이어졌는데도 잘못을 겸허하게 받아들이고 정치적 무능력을 인정하기보다 자신들의 과오를 부인하는 '부인전략(denial)', 책임을 회피하는 '책임회피전략

(evading responsibility)', 책임을 타인에게 떠넘기는 '희생양 만들기 전략' 등을 사용했다. 또 의도는 좋았다는 점을 강조하는 등 방어논리를 더 강화하는 모습이었다.[60]

> "단속이라는 것은 기준을 잘라줘서 이것(기준)보다 떨어지는 것은 형사적으로 단속을 하라는 건데, 프리드먼은 그것보다 더 아래라도 먹으면 병 걸리고 죽는 거면 몰라도 부정식품이라는 것은 없는 사람은 그 아래 것도 선택할 수 있게, 싸게 먹을 수 있게 해줘야 된다 이거야."[61]

윤석열 후보는 자신의 경제관을 설명하며 밀턴 프리드먼의 책 《선택할 자유》를 언급하다 "가난한 사람은 부정식품이라도 먹을 수 있게 선택의 자유를 존중해야 한다"는 말실수를 했다. 논란이 확산되자 "어이없는 얘기"라며 발언 취지가 왜곡됐다고 해명하면서, "국민 건강과 직결되지 않는 거라면 (부정식품) 기준을 너무 높여 단속하고 형사처벌까지 하는 건 검찰권의 과도한 남용이라는 생각을 평소 가졌었다"고 말했다. 이처럼 대선 과정에서 이어진 수많은 말실수에 대해 부인하거나 회피하며 자기 방어논리를 펼쳤다.

타자를 배려하지 않는 주장형 스피치의 경우, 충분한 콘텐츠가 없고 내용을 충분히 숙지하고 있지 못하기 때문에 설명력이 떨어질 수밖에 없다. 윤석열 후보의 스피치는 길게 설명할 수 없기 때문에 자신의 말을 보완하기 위해서 비언어적인 수단을 이용해 대중의 이목을 끄는 경향이 뚜렷했다.

그의 어퍼컷 제스처는 논리성의 부족함을 상쇄시키기 위한 전형적 방법이라고 할 수 있다. 도리도리는 긴장하고 있는 모습이고, 말할 때마다 오른손을 빈번하게 사용하는 것은 자신 있는 모습으로 변화시키려는 과잉행동이라고 할 수 있다. 얼굴 표정에 있어서도 심각한 표정도 짓고, 때로는 호탕하게 웃는 모습, 책상을 치는 모습을 보였는데 이 역시 과장표현으로 읽을 수 있다.

TV 토론에서 윤석열 후보는 시작인 오프닝과 마지막인 클로징에서 토론을 자신의 것으로 만들지 못한 모습이 역력했다. 사실 방송에서 앵커나 MC가 가장 부담을 느끼는 것은 오프닝멘트이다. 오프닝, 즉 시작을 잘하면 방송이 물 흐르듯이 갈 수 있다는 점 때문이다. 그래서 오프닝이 방송의 반이라는 말이 있을 정도다. 윤석열 후보는 오프닝에서 준비한 원고를 소화하는 것이 아니라 그저 읽기 바쁜 모습이었다.

토론 과정에서도 핵심적 내용을 두괄식, 미괄식으로 할지, 혹은 연역법과 귀납법으로 할지 정리가 돼 있지 않았다. 상황에 따라 임기응변으로 대처하며 자기가 하고 싶은 내용을 되풀이해 주장하는 데 그쳤다.

후보는 카메라 렌즈를 바라보며 눈으로 말할 수 있는 능력을 갖춰야 한다. 국민은 후보의 눈을 보고 싶어 한다. 눈을 봄으로써 진정성을 읽고 싶어 하는 것이다. 윤석열 후보는 오프닝과 클로징에서 고개를 숙인 채 자신의 원고를 일방적으로 읽기만 했다. 국민의 눈을 그다지 의식하지 않는 일방적인 주장형의 모습이었다.

하지만 윤석열 후보는 정치 초보에서 일약 국민의힘 대선 후보가 되면서, 문재인 정부와 대립각을 세우고 점점 거칠고 날 선 스피치를 보여주는 주장형 스피치의 모습으로 변화했다. '여가부 폐지', '선제타격'과 같이 단문을 이용한 선거 전략과 함께 스피치 역시 야당 후보의 최전방 공격수로서 거침없는 표현을 썼다.

2022년 대통령선거

: 정치국외자(political outsider)의 출현

　이번 대통령선거는 윤석열이라는 정치권 밖에 있던 정치
국외자가 대통령으로 당선됐다. 후안 린쯔(Juan Linz) 교수는
대통령제가 갖고 있는 문제점을 지적하면서 '정치적 국외
자'의 등장을 언급했다.[62] 대통령제에서는 국민들이 정치에
대한 실망감과 막연한 기대감 때문에 정치 경력이 거의 없는
국외자들을 선호하며, 정치권 밖에 신선하고 지명도와 명망
이 있는 인물이 있다면 정치초보자라 하더라도 대통령에 당
선될 수 있다는 것이다.

　정치인에 대한 좋지 않은 인식 때문에 정치에 발을 담그
지 않았던 신선한 인물이 대중의 지지를 더 얻는 현상이 나
타나고 있다. 정당정치가 아닌 정치의 개인화 현상이다. 정
치 국외자의 출현은 당선 가능성이 높고 집권 가능성이 높은
후보로 기울어지는 정치권의 집권 논리가 반영돼 있다.

　2022년 대선에서 한국 정치의 가장 큰 특징을 꼽으라 하
면 정치 국외자의 선출이라는 점을 들 수 있다. 언제부턴가

정당 내 대선 후보가 없을 때 외부로 눈을 돌려 대통령 후보를 찾는 경향이 나타나고 있다. 2002년에는 정몽준이, 2007년에는 문국현이 정치국외자로 등장했다.

2012년은 정치 국외자의 출현이 돋보였던 선거였다. 기성 정치에 대한 실망감이 새로운 정치를 외치는 기대감으로 전환되면서 안철수 현상이 나타났고, 안철수 교수는 바로 대선 주자로 떠오르면서 돌풍을 일으켰다. 문재인 후보 역시 노무현 정부에서 대통령비서실장을 역임하며 국정 경험이 있다고는 하지만, 2012년 대선 전까지는 정치 국외자에 머물러 있었다. 문재인 전 대표와 안철수 의원은 지난 대선 이후 정치권 내에서 정치적으로 훈련된 인물이지만 본질적으로는 정치 국외자였다.

한국 정치는 정치적 신상품에 대한 선호도가 매우 높은 편이다. 때가 덜 묻고 정치에 깊숙하게 발을 담그지 않은 후보인 정치 국외자가 끊임없이 출현하고 있는 것이다. 이러한 정치문화에서 2017년 대선은 반기문이라는 정치 국외자 출현이 대선의 판도를 좌우할 변수였다.

반기문 유엔사무총장은 외교관으로 풍부한 경험을 쌓았

지만 정치권 밖에 있는 인물이었다. 각종 여론조사에서 당선 가능성이 유력한 후보로 떠오르면서 여당 내 '반기문 대안론'이 형성됐지만 반기문이 중도 포기하면서 정치 국외자의 한계가 그대로 드러났다.

그러나 2022년 대선은 정치 국외자였던 윤석열이 검찰총장에서 반문재인, 반민주당 구도와 정권교체 여론에 힘입어 독자적인 후보로 나섰고 마침내 국민의힘 경선에서 승리하고 대통령으로 당선됐다. 정치 국외자의 출현이 성공했다는 것은 한편으로 한국의 정당이 얼마나 취약한가를 확인한 선거였다는 의미도 된다.

2022년 대선 해독법
: 필요조건—분열이냐, 통합이냐?

2022년 대선을 어떻게 해독할 수 있을까? '분열하지 않은 단일후보인가?'라는 필요조건과 '현재의 대통령과 다른 스피치 유형인가?'라는 충분조건으로 나눠 살펴볼 수 있다.

역대 대통령선거를 구도라는 변수로 분석하고 해독한다면 대선 승리조건이 무엇인지 확연히 드러난다. 1987년 이후 대통령선거의 가장 큰 특징은 서로 연합한 후보는 승리했고, 분열한 후보는 패배했다는 점이다. 또 하나, 분열하지 않은 여당 후보는 집권에 성공했지만 야당 후보의 경우 단일화했다고 해서 꼭 승리한 것은 아니었다. 대통령선거에서 여야의 구도가 어떻게 설정되느냐에 따라 대선 결과가 달라졌다.

여당 후보는 여당이라는 필요조건과 분열하지 않고 단일후보로 출마한다는 충분조건이 성립될 때 대선에서 승리할 수 있다(13대 노태우, 14대 김영삼, 16대 노무현, 18대 박근혜).

야당 후보는 여당의 분열이라는 필요조건과 야당의 연합이라는 충분조건을 만족시킬 경우 정권교체를 이뤘다(15대 김대중, 17대 이명박).

지난 2017년 대선에서도 이런 분석이 유효했다. 후보가 여당이라는 조건에서 분열하지 않고 단일후보로 대선에 나선다면, 야당이 연합하더라도 여당의 집권 가능성은 매우 높다. 반면 야당 후보는 여당이 분열한다는 전제하에 정권 심판론을 펼치는 한편 단일화에 성공한다면 선거에서 승리할 수 있다. 대선의 구도로 분석해본다면 다자 구도에서 야당이 분열하는 경우, 야당의 후보가 승리할 가능성은 매우 낮다. 2017년 대선의 문재인 후보는 범여권 후보였던 홍준표 후보와 유승민 후보가 분열한 가운데 촛불 민심에 힘입어 당선될 수 있었다.

2022년 대선 역시 구도라는 분석의 틀은 유효했다. 여당의 단일 후보 카드는 막강하다. 더불어민주당이 분열하지 않고 단일대오를 형성한다면 재집권의 필요조건을 갖췄다고 볼 수 있으나 범여권은 정의당의 심상정 후보가 출마하면서 하나의 전선을 형성하지 못했다. 불완전한 필요조건으로 출발한 것이다. 심 후보의 득표율은 2.37%에 불과했으나 대선 판세에 미치는 영향은 막강했다.

이는 2000년 미국 대통령선거에서의 랠프 네이더와 비슷한 사례라고 할 수 있다. 네이더는 소비자운동을 펼쳐온 제3의 후보였고, 득표율은 2.7%였다. 당시는 민주당의 앨 고어와 공화당의 조지 W. 부시가 치열한 경쟁을 벌이는 상황이었고, 플로리다주에서 네이더가 고어의 표를 잠식하면서 부시 대통령이 승리하는 데 결정적인 역할을 했다.

이재명 후보와 심상정 후보가 단일화하지 못했다는 것은 필요조건이 마련되지 않은 가운데 출발했다는 것을 의미한다. 1:1 대선구도가 형성될 때, 범여권 단일화는 반드시 이뤄야 할 필요조건이다.

2022년 대선해독법
: 충분조건—대통령 후보의 스피치

역대 대통령의 스피치를 분석하면서 유권자가 전임자와 전혀 다른 스피치를 하는 유형을 선택한다는 것을 알 수 있었다. 대통령 후보 역시 현재의 대통령이 실정을 할 경우 차별화 전략을 시도한다. 정치는 결국 말을 통해 국민을 설득하는 행위라고 정의할 때, 전임 대통령과는 다른 스피치를 추구해 확실하게 다르다는 인식을 심어주려 하는 것이다.

민주화 이후 대통령 직선제 선거의 당선인 스피치 유형을 모두 순서대로 분석하면, 노태우(호소형)→김영삼(주장형)→김대중(설득형)→노무현(선동형)→이명박(설득형)→박근혜(주장형)→문재인(호소형)→윤석열(주장형)으로 변화하는 과정을 거쳤다.

　노태우 후보는 국민에게 낮은 자세로 부드럽게 다가가는 호소형을, 김영삼 후보는 자신의 주장을 확실하게 돌파해 나가는 주장형을, 김대중 후보는 하나하나 정치 현안에 대해 자세히 설명하며 다가가는 설득형이었다.

　또한 노무현 후보는 무엇이 옳고 그른지 확실히 선을 그으며 국민의 마음을 흔드는 선동형을, 이명박 후보는 이익을 얻을 수 있는 길이 무엇인지를 말하며 인간의 이기심을 자극하는 설득형을, 박근혜 후보는 자신의 감정을 철저히 숨기는 가운데 몇 가지 단어의 조합을 통해 자신의 주장을 펼치는 주장형을 각각 스피치 스타일로 선택했다.

　한편 문재인 후보는 국민의 우위에 서 지배했던 기존 대통령들의 모습과 차별화되는 겸손한 이미지로 어필했다. 슬로건이었던 '사람이 먼저다'가 그가 구사한 호소형 스피치를 대표한다고도 볼 수 있다. 반면 윤석열 후보는 문재인 정부의 모든 것을 부정하는 짧은 문장과 단순화법, 그리고 어퍼컷과 같은 반복적 행동 패턴을 통해 자신의 이미지를 부각시키는 주장형으로 스피치를 펼쳤다.

문재인 대통령이 호소형 스피치라고 볼 때, 2022년 대통령은 주장형 또는 선동형이 될 가능성이 매우 높았다. 이재명 후보는 기존의 선동형에서 설득형으로 변화해 대통령선거에 임했고, 윤석열 후보는 기존의 정치 문법을 따르지 않는 주장형을 보였다는 것이 20대 대통령선거의 가장 큰 특징이라고 할 수 있다.

앞에서 언급했듯 이재명 후보는 초기의 선동형 스피치에서 설득형 스피치로 변화하면서 문재인 대통령과 완전히 차별화하지 못하고, 반절의 변화에 머무르며, 충분조건 역시 만족시키지 못했다.

한편 야당 후보에게는 여권 중심의 정치 구도를 깰 수 있는 힘이 필요하다. 그 힘은 기존 정치인의 틀을 깨는 것으로부터 출발하는데, 가장 큰 동력으로 작용하는 것은 단일화다. 윤석열 후보는 안철수 후보와 단일화하면서 완벽한 필요조건을 갖췄고, 더 나아가 문재인 대통령의 호소형 스피치와 전혀 다른 주장형 스피치를 펼치며 확실한 대립각을 세웠다. 정권교체를 전면에 내세운 주장형 스피치는 보수진영을 움직일 수 있는 큰 힘으로 작용하는 충분조건이 됐다.

2027년 대통령선거 예측

이와 같은 분석 틀을 기반으로 2027년 21대 대통령선거를 예측해볼 수 있다. 먼저 정당 구도로 볼 때 2027년 대선에서는 분열하지 않고 통합후보를 내세우는 필요조건을 갖춰야 한다. 더 나아가 현 윤석열 대통령의 주장형 스피치와 전혀 다른 설득형 또는 호소형 스피치로 국민에게 다가가는 충분조건까지 갖춘다면 차기 대선의 가장 강력한 후보가 될 수 있으리라 본다.

특히 대통령 후보의 스피치를 통해 차기 대선을 미리 예측한다면 전두환의 주장형→노태우의 호소형, 김영삼의 주장형→김대중의 설득형, 박근혜의 주장형→문재인의 호소형을 국민이 선택해온 것처럼, 2027년 대선에서도 윤석열의 주장형과는 다른 설득형 또는 호소형의 특징을 지닌 대통령 후보가 당선될 가능성이 크다.

'설득형과 호소형 중 어느 쪽이 더 경쟁력 있는가?'라고 묻는다면 설득형이 더 경쟁력이 있을 것이라고 답하겠다. 2027년 대선은 1997년 대선과 매우 유사한 방향으로 흘러갈 가능성이 크다고 본다.

1997년 대통령선거 당시 국민은 김영삼 대통령의 주장형과 전혀 다른 김대중 후보의 설득형을 선택했다. 김대중 후보는 정치 현안에 대해 차분히 설명하며 준비된 대통령이라는 인상을 강하게 남겼고 이는 결국 당선으로 이어졌다.

다음 대통령 후보는 윤석열 대통령과 차별화된 후보, 즉 정치적으로 숙련되고 정책 대안 능력을 갖추었으며 국민을 설득하는 힘이 있는 인물이 경쟁력 있을 것으로 예측된다.

마치며

　지난 3월 9일 실시된 20대 대통령선거에서 이재명 후보가 패배했다. 밤새 개표 방송을 보며 잠을 이룰 수 없었다. 3월 10일 새벽 3시쯤 이재명 후보가 기자회견을 한다는 얘기를 듣고 여의도 민주당사로 향했다. 패배를 인정하고 지지해준 국민 여러분에게 송구하다는 말을 남기고 떠나는 이재명 후보를 보면서 눈물이 저절로 흘렀다. 대통령선거 과정에서 이재명 후보의 대변인으로서 경선과 본선을 치렀기 때문인지 그 아픈 심정이 고스란히 전달됐다. 후보를 지켜보는 다른 분들의 눈에도 눈물이 맺혀 있었다.

그 이후 상당히 힘든 시간을 보냈지만, 얼마 지나지 않아 6·1 지방선거가 있었고, 필자는 송영길 서울시장 후보의 비서실장을 맡아 캠프에서 중요한 역할을 하게 됐다. 송영길 후보의 심기 관리에서부터 일정, 메시지, TV 토론 준비, 정책발표, 공보전략 등 캠프에서 핵심적인 일을 맡게 된 것이다. 또한 방송에 직접 나가 공중전을 펼치기도 하고 때로는 거리유세에서 송영길 후보와 함께 시민들을 만나 인사를 나누는 지상전을 펼쳤다.

유세 현장에서 필자는 송영길 후보 지지를 호소하는 연설을 맡았다. 실제로 이 책에서 언급했던 선동형, 주장형, 설득형, 호소형 스피치를 현장 분위기에 맞게 적절하게 적용해보았다. 역시 연설의 백미는 감정선을 타는 선동형 스피치라는 사실을 더욱더 깨닫게 됐다.

"송영길 후보에게 힘을 실어주십시오. 지난 대선에 패배했을 때 슬픔의 눈물, 아픔의 눈물을 흘렸습니다. 이번 서울시장 선거에서는 기쁨의 눈물, 승리의 눈물을 흘리고 싶습니다. 각본 없는 드라마를 연출하는 것이 선거입니다. 대역전 드라마의 주인공은 송영길입니다."

이같이 외치며 시민들에게 다가갔다. 하지만 6·1 지방선거에서 다시 패배의 쓴잔을 마셨다.

6월 1일 저녁 7시 30분, 송영길 후보 옆에서 출구조사 결과를 지켜보았다. 우리의 예상과는 달리 예상 득표율은 크게 차이가 났다. 침묵이 흘렀다. 그 다음날인 6월 2일 오후 2시에 서울시장 후보 캠프 2층에서 해단식이 있었다. 후보를 모시고 해단식장에 입장했는데 사회를 봐달라는 요청을 받았다. 앞에 서는 순간 감정이 복받쳐 눈물이 하염없이 흘렀고, 결국 도저히 사회를 볼 수 없겠다고 고백한 뒤 자리에 돌아왔다. 또 눈물이 났다. 지난 대선과 지방선거의 패배는 나의 정치 인생에 큰 자리를 차지했다. 다시 한 번 굴복하지 않는 용기, 질풍 같은 용기가 필요했다.

선거를 정리하고 복기하면서 다음 나의 총선과 2027년 대선을 철저히 준비해야겠다고 결심하며 한 자 한 자 써내려갔다. 선거 승리의 필요·충분조건은 필요조건으로 선거 구도이고, 충분조건은 후보자의 역량이라고 할 수 있는 스피치에 있다는 나의 분석 틀을 이용해 한국 정치에 접근했다.

2024년 총선을 성공적으로 치르고 2027년 대선에서는 민주당의 대통령 후보가 반드시 승리할 수 있도록 나의 역량을 최대한 발휘하고 싶다. 2027년까지 아직 5년이 남았지만 승리의 길을 걸어가는 데 이 책이 도움이 되기를 기원한다. 2027년 대선에서 꼭 승리해 청계광장에서 기쁨의 눈물을 흘리고 싶다.

주

1 "I wish to have as my epitaph: Here lies a man who was wise enough to bring into his service men who knew more than he."

2 워렌 베니스는 '리더는 스스로 발전하는 존재'라고 규정한다. 워렌 베니스, 《리더와 리더십》(황금부엉이, 2005)

3 존 C. 맥스웰, 《리더십의 법칙 2.0》(비전과리더십, 2019)

4 〈태종실록〉 35권, 태종 18년 6월 17일 병신 2번째 기사, 「정전에 나아가 세자와 경빈에게 책보를 내려주다」 "나라의 근본을 바로잡는 데 오직 지극히 공정(公正)하여야 할 것이다. 이에 융성한 명위(名位)401. 를 바로잡아 봉숭(封崇)의 예식을 거행하노라. 아아! 너 충녕대군(忠寧大君)【휘(諱).】은 관홍(寬弘)402. 장중(莊重)하고 효제(孝悌) 403. 겸공(謙恭)하여 사랑과 공경으로 어버이를 섬기고, 도(道)를 지켜 공경하고 삼가며, 총명하고 배우기를 좋아하여 오직 날마다 부지런히 하니, 나랏일을 부탁(付託)함이 마땅하고, 신민(臣民)들이 촉망(屬望)하므로 이 때문에 너를 책봉(册封)하여 왕세자(王世子)로 삼노라."

5   막스 베버, 《소명으로서의 정치》(후마니타스, 2021)

6   미국의 맥케인 상원의원은 "오늘날 정치의 문제는 겸손(humility)의 결핍이다. 겸손이 더 생산적인 정치를 만든다"고 했다.

7   권영준·심상달·정세열, 《공동체 자본주의와 사회적 기업》, 《공동체 자본주의 심포지엄》(2007) 15쪽

8   배병삼, 《정약용의 '정치'에 관한 인식》, 《한국 정치학회보 27집》(1993) 342–348쪽

9   함규진, 《인물과 사상 통권 193호》(2104) 117쪽

10 안문석, 《외교의 거장들−한국 외교의 길을 묻다》(인물과사상사, 2017)

11 헨리 키신저, 〈제2회 아시안 리더십 콘퍼런스〉인터뷰(2008)

12 이극찬, 《정치학》(법문사, 2004) 209–210쪽

13 윤여준, 《대통령의 자격》(메디치미디어, 2012) 528–532쪽

14 김교창, 《토론과 강의의 화법》, 《한국회의법학회지》(2008) 46–56쪽

15 https://www.hankookilbo.com/News/Read/
    201607261564074155

16 https://www.donga.com/news/Inter/article/
    all/20170214/82851876/1

17 범기수·김은정·유가기·정혜진, 《자기주장성과 스피치교육의 효과: 스피치 능력과 스피치 불안감을 증상으로》, 《한국소통학회보 제12호》(2009) 200쪽

18 이서영·이상호, 《비언어 커뮤니케이션 비교 연구: 한국과 미국 대통령의 취임사를 중심으로》, 《스피치와 커뮤니케이션 제18호》(커뮤니케이션북스, 2012) 279쪽

19 《論語》, 「季氏」, "言未及之而言謂之躁, 言及之而不言謂之隱."

20 노태우, 《노태우회고록下》(조선뉴스프레스, 2011) 481–482쪽

21 강원택, 《노태우 시대의 재인식: 전환기의 한국 사회》(나남, 2012) 35쪽

22 송근원 《대통령선거 아젠다 분석》, 《한국 정치학회보 제24집》(1989) 116-119쪽

23 김영삼 민주총재 대표연설, 1989.10.12

24 김영삼 민주총재 대표연설, 1989.10.12

25 김대중 13대 대통령선거 후보 여의도 연설, 1989.11.29

26 김병문 《개혁리더십: 김영삼과 김대중 사례 비교》, 《한국행정학회 학술발표논문집》(2004) 199쪽

27 http://daily.hankooki.com/lpage/column/201811/dh20181120110539145650.htm

28 이종범, 《김영삼 대통령 리더십 특성과 국정관리유형 : 문민정부 1년의 정책평가》, 《한국행정학회보제28권 제4호(1994)》

29 한국신문편집인협회 초청토론 김대중 대표 기조연설, 1992.4.10

30 임순미, 《정치 리더의 메타포: 김대중 전 대통령의 자서전에 나타난 정치 리더의 정체성》, 《국제정치연구 제14집 1호》(2011) 138쪽

31 정탁영 (1997), 《이미지 조작의 정치》, 《황해문학 17》 53쪽

32 정혜신, 《정혜신의 남성 탐구: 이회창의 '칼과 저울' 강박관념과 균형감각》, 《월간 신동아》(2001년 4월호) 338-345쪽

33 제15대 대통령선거 TV 토론회, 1997.7.28

34 https://imnews.imbc.com/replay/1997/nwdesk/article/1985037_30717.html

35 https://news.kbs.co.kr/news/view.do?ncd=3776375

36 김호진, 《한국의 대통령과 리더십》(청림출판사, 2008) 457쪽

37 노무현 외, 《노무현 상식, 혹은 희망》(행복한책읽기, 2002) 44쪽

38 한귀영, 《진보 대통령·보수 대통령》 236쪽

39 2002년 4월 3일 이회창 전 총재 한나라당 대선 후보 경선 출마선언문

40 2007년 5월 10일 이명박 전 서울시장 대선 출마선언문

41 2007년 5월 10일 이명박 전 서울시장 대선 출마선언문

42 이태준,《정동영에 대한 간결한 스케치》,《인물과 사상(2005)》65쪽

43 2007년 7월 3일, 정동영 대선 출마선언문

44 2012년 7월 10일 박근혜 새누리당 전 대표 대선 출마선언문

45 최진,《국민이 원하는 제18대 대통령》한국공공사회학회, (2012. 8.17)

46 양미경·곽태기,《박근혜 대통령의 패션정치 연구》,《한국패션디자인
    학회지 제14권 1호(2014)》139쪽

47 2012년 문재인 민주통합당 상임고문 대선 출마선언문

48 "민주주의의 운영원리는 대의제이다. 대의제는 국민이 직접 국가의
    정책 결정에 참여하지 않고 대통령이나 국회의원과 같은 대표자를 선
    출해 간접적으로 참여하는 것을 말한다. 대의제는 국민의 참여를 통
    해 대표를 선출하고 그 대표는 국민에게 책임을 지는 민주주의의 운
    영원리다. 여기에 대통령이나 국회의원은 여론에 민감할 수밖에 없
    다. 대중의 여론은 두 가지 얼굴을 지니고 있다. 대중은 정치지도자가
    여론을 충실히 따를 것을 기대하지만, 한편으로 정치지도자가 여론에
    흔들리지 않고 국정을 주도하기를 요구한다." 신현디,《여론과 대통령
    의 반응성–박근혜 대통령의 집권 1년 차를 대상으로》,《한국사회와
    행정연구(제24권 제4호)》210쪽

49 2016년 10월 20일, 대통령 주재 청와대 수석비서관 회의 박근혜 대통
    령 모두발언 중

50 양기민,《문재인정부의 이미지 정치》,《문학과 과학 91호(2017)》,
    224쪽

51 문재인 대통령 취임사, 2017년 5월 10일.

52 2017년 5월 10일, 문재인 대통령 취임사

53 2017년 3월 19일, 홍준표 자유한국당 대선 후보 출마선언문

54 2017년 3월 19일, 홍준표 자유한국당 대선 후보 출마선언문

55 임순미, 《정치인의 이미지 프레이밍: 안철수에 대한 보도 양태 분석》, 《현대정치 연구(제5권 제2호, 2012)》, 9–12쪽

56 http://www.kinews.net/news/articleView.html?idxno=201222

57 알랭 드 보통 지음, 정영목 옮김, 《왜 나는 너를 사랑하는가(청미래, 2007)》 18쪽

58 허만섭, 《수사적 대통령 요소의 한국적 적용 가능성에 관한 탐색: 한미 대통령 연설 연구 비교》, 《한국언론학회보 제13권 2호》 42쪽

59 2022년 1월 24일 이재명 후보 성남 상대원시장 연설 중

60 이귀혜, 《한국 대통령들의 위기 수사학에 관한 연구》, 《한국언론학회보 제51권 6호(2007)》 66–70쪽

61 2021년 7월 19일 공개된 매일경제와의 인터뷰 동영상 중

62 홍재우·김형철·조성대, 《대통령제와 연립정부-제도적 한계의 제도적 해결》, 《한국 정치학회보 제46집(2012)》 91쪽. 후안 린쯔 교수는 1)이원적 정통성(dual legitimacy)—분점정부(divided government) 2)체제의 경직성(regime rigidity) 3)승자독식(winner–take–all)—zero sum game 4)대통령이 권력을 사사화 5)정치적 국외자의 집권 가능성 등을 언급하며 대통령제가 불안정한 정치체제라며 비판했다.